Ralph Peters

Das Pyramiden-Handbuch
Wirkung, Nutzen und Anwendung von
Pyramiden für den Menschen in der heutigen Zeit

Ralph Peters

Das Pyramiden-Handbuch

Wirkung, Nutzen und Anwendung von Pyramiden
für den Menschen in der heutigen Zeit

Weltenhüter
Verlag
Ralph Peters

1. Auflage Februar 1997

© Copyright 1997 by Weltenhüter Verlag Ralph Peters
Alle Rechte vorbehalten

Satz: Ralph Peters
Druck: Clausen & Bosse, Leck
Umschlagbild: Regine Zopf
Umschlag- und Bildgestaltung: Ralph Peters

Weltenhüter Verlag Ralph Peters, Marwede

ISBN 3-929681-61-7

Inhalt

Vorwort..8

Energieebenen und der Mensch

Ätherenergie, die physische und die höheren
Energieebenen..12
Pyramiden und Chakren...28
Chakren und Bewußtsein..40
Pyramiden und die Form, die menschliches
Leben unterstützt...44
Pyramiden und die Bedeutung ihrer
"mystischen" Zahlen..52
Das Energiefeld der Pyramide................................60
Was beim Bau einer Pyramide zu beachten ist!.........66
Geeignete Materialien zum Bau einer Pyramide........70

Pyramiden und der Mensch in der heutigen Zeit

Ätherfeld, Chakren, Bewußtsein und Arbeit
an sich selbst..76
Harmonie in Wohnräumen......................................82
Strom, Funk und Frequenzen.................................84
Weitere Belastungen und Streßfaktoren im
richtigen Licht gesehen..88

Pyramiden im täglichen Leben

Lebensmittel, Wasser und Pyramiden......................96
Schlaf, Regeneration und Pyramiden......................114
Entstörgeräte......................124
Weitere Kombinationsmöglichkeiten von
Pyramiden für Wohn- und Arbeitsbereiche............130
Modulationsmöglichkeiten von Pyramiden............134
Bergkristalle, Laserlicht, Edelsteine
und Pyramiden......................140
Pyramiden, Heilbehandlungen und Meditation........146

Literaturempfehlungen......................152

Vorwort

Pyramiden waren für uns Menschen schon immer etwas Faszinierendes und Mysteriöses. Sie gaben in der Vergangenheit Anlaß zu vielen Spekulationen und Vermutungen. Wir kannten weder den Grund für den Bau der großen Pyramiden in Ägypten, noch wußten wir, warum deren Erbauer gerade diese Form und nicht ein rundes oder quadratisches, ebenso beeindruckendes Gebäude erdacht hatten.

In den letzten Jahrhunderten war Wissen in jeder Form, also auch über Pyramiden, nur geringfügig vorhanden. Das Leben der meisten Menschen wurde geprägt durch Glauben, Hoffnung, Angst und den täglichen Kampf um das physische Überleben. Erst seit circa 150 bis 200 Jahren hat die "Wissenschaft", die Erforschung unserer physischen Realität, in unser allgemeines Leben Einzug gehalten. Forschung über die Begrenzung des rein physisch-materiellen Denkens hinaus wird zunehmend in den letzten Jahren betrieben. Wir bewegen uns heraus aus einer Zeit der Verehrung und des Glaubens, hinein in ein Zeitalter des Wissens. Das "Fische-Zeitalter" geht astrologisch gesehen zu Ende und das "Wassermann-Zeitalter" beginnt. So wurde vor fünfhundert Jahren der Blitz noch als eine Strafe oder auch Waffe Gottes angesehen. Heute wissen wir, daß es sich um ein elektrisches Phänomen der Natur handelt.

Wir leben in einer Zeit großer Veränderungen und Möglichkeiten, in der Wissen für uns alle in einem bisher unvorstellbaren Maße zur Verfügung steht. Es ist eine Zeit großer Möglichkeiten und Herausforderungen. Einerseits sind wir noch durchdrungen von den Erfahrungen, Hoffnungen und Ängsten der Vergangenheit, und andererseits werden

Vorwort

wir ständig konfrontiert mit dem Beginn von etwas Neuem und Unbekannten. Ständig und immer wieder müssen wir uns entscheiden, ob wir bereit sind, Altes, Gewohntes loszulassen und Neuem zu begegnen.

Dieses Buch stellt bisher weitgehend unbekannte Dimensionen und Erfahrungsbereiche vor, um so die Möglichkeit für ein besseres Verständnis des Menschen und der Wirkungsweise von Pyramiden zu geben. Jeder Mensch hat in sich die Fähigkeit für ein direktes Erfahren der hier beschriebenen Bewußtseins- und Schwingungsbereiche. Wer bereit ist, alte Gedanken- und Gefühlsbegrenzungen loszulassen, kann leicht zu neuen Erkenntnissen und Erfahrungen und zu einem direkteren Verständnis der Wirklichkeit gelangen. Durch dieses neue Erfahren tritt alles im Leben aus dem Bereich des Mysteriösen heraus, ohne dadurch seine Faszination zu verlieren. Im Gegenteil, erst wer die Multidimensionalität und direkte Beziehung von allen verschiedenen Schwingungsbereichen immer mehr als eigene innere Erfahrung erlebt, kann das Leben als Ganzes mit all seinen Bereichen schätzen, lieben, unterstützen und stärken. Pyramiden können durch dieses innere Wissen und Erfahren bewußt eingesetzt werden und so ihre optimale Funktion in unserem Leben erfüllen.

Der Autor.

Energieebenen und der Mensch

Ätherenergie, die physische und die höheren Energieebenen

Damit die Wirkung von Pyramiden verstanden werden kann, muß es nachvollziehbar sein, was durch diese geschieht. Hierfür ist es notwendig, zunächst einmal die physische Ebene detailliert zu betrachten. Jeder Mensch ist mit den einfachsten Komponenten dieses Energiebereiches gut vertraut. Den allergröbsten Energiezustand der Physis nennen wir "fest" (beim Wasser z.B. das Eis). In dieser niedrigsten physischen Schwingungsebene sind die Atome der jeweiligen Stoffe so eng miteinander verbunden, daß wir sie als eine feste, starre Form wahrnehmen.

Feste physische Materie

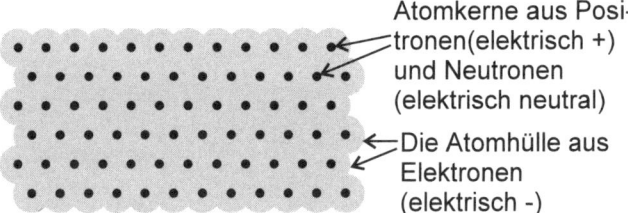

Die feste Materie bildet einen relativ starren Verbund

Die nächsthöhere Schwingungsebene der Physis bezeichnen wir als "flüssig". Da die einzelnen Bestandteile dieses Energiebereiches schon etwas mehr Energie als im festen Bereich absorbiert haben, ist auch ihr Zustand in unserer Wahrnehmung sehr viel weniger ein starrer Verbund, sondern eher schwimmend, sich leichter verändernd oder, wie wir es nennen, "flüssig".

Flüssige physische Materie

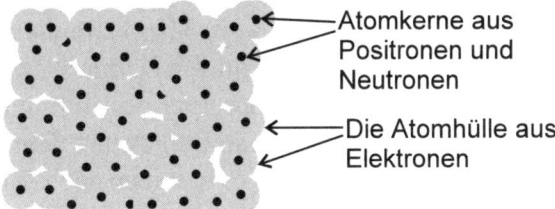

Die flüssige Materie bildet einen
etwas lockereren Verbund

Der dritte Energiebereich innerhalb der Physis wird als "gasförmig" bezeichnet. Hierbei ist das Energieniveau der einzelnen Bestandteile schon soweit angehoben, daß sie nur noch einen sehr losen Verbund bilden, den wir als Gas oder Dampf wahrnehmen können.

Gasförmige physische Materie

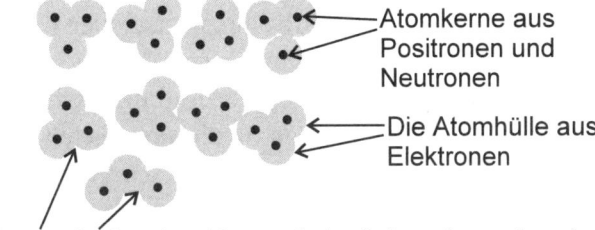

Nur noch einzelne Atome sind miteinander verbunden

Die gasförmige Materie bildet einen vollkommen
lockeren Verbund der einzelnen Atome

Diese ersten drei Energieniveaus der physischen Ebene kann jeder leicht und überall beobachten. Wenn wir Wasser (also die chemischen Elemente "H" und "O" in der Verbindung "H_2O") Energie zuführen, geht es in den nächsthöheren Energiezustand über, es wird zu Wasserdampf. In welcher Form man dem Wasser diese Energie gibt, ist hierbei nur eine Frage der Anwendbarkeit. Man kann dies mit der Hilfe von Wärme, Elektrizität oder z.B. durch Druck bewerkstelligen. Bei jeder Form der Energiezufuhr bleibt das Ergebnis das Gleiche. Wenn man umgekehrt dem Wasser genügend Energie entzieht, geht es in seinen nächstniedrigeren Schwingungszustand über, es wird zu Eis. Wir können also die Realität dieser ersten drei Ebenen nicht verleugnen, da wir sie in unserem täglichen Leben ständig als wirklich existierend erfahren.

Das vierte Energieniveau innerhalb der physischen Ebene nennen wir "ionisch". Dieser Zustand der Materie ist für unser Auge schon nicht mehr so leicht sichtbar und ist erst ein Teil unseres heutigen Wirklichkeitsverständnisses, seitdem es Hilfsmittel und Technologien, wie Mikroskope, Kirlianphotographie, Biophotonenmeßgeräte etc. gibt, die diesen Teilbereich des Physischen sichtbar machen. Fügen wir dem Wasserdampf, um bei unserem Beispiel zu bleiben, noch mehr Energie durch Druck hinzu, erreichen die einzelnen Atome eine so starke Schwingung, daß sie alle bisher noch bestehenden Formen der Verbindung zwischeneinander nicht mehr halten können. In diesem vierten Energiebereich, dem "ionischen", schwingt also schon jedes einzelne Atom für sich. Es gibt kein "H_2O" mehr, sondern nur noch einzelne "H"- bzw. "O"-Atome.

Der ionische Zustand der physischen Materie

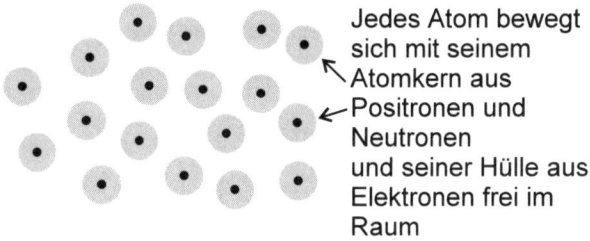

Jedes Atom bewegt sich mit seinem Atomkern aus Positronen und Neutronen und seiner Hülle aus Elektronen frei im Raum

Im ionischen Zustand bewegen sich die einzelnen Atome frei durch den Raum und sind nicht mehr miteinander verbunden

Die vierte Schwingungsebene innerhalb der Physis kann bei einer weiteren Energiezufuhr in einen Zustand übergehen, in dem sich auch die Bestandteile der einzelnen Atome voneinander entfernen. Dann lösen sich in der ersten Stufe die Elektronen, also die negativ geladenen, den Atomkern umgebenden Bestandteile der Atome vom Atomkern, der aus Positronen und Neutronen geformt ist. Diesen Zustand bezeichnet man heute im allgemeinen als "Plasma". Bei einer weiteren Energiezufuhr entfernen sich die Positronen und Neutronen voneinander, so daß auch diese Bausteine nicht mehr in einer als Atome zu bezeichnenden Verbindung zueinander stehen. All diese zuletzt beschriebenen Möglichkeiten gehören zum vierten physischen Energieniveau, das wir als das "ionische" oder auch "plasmatische" Niveau bezeichnen wollen.

Der plasmatische Zustand der physischen Materie

←Die Elektronen lösen sich von dem
•←——Atomkern

● Aber auch der Atomkern löst sich in seine Bestandteile, die Positronen und Neutronen, auf } • Positronen
                                                                           – Neutronen

○ Auch die Elektronen trennen sich voneinander und bewegen sich frei durch den Raum   ○ Elektronen

Im energiereichsten plasmatischen Zustand bewegen sich die Bestandteile der Atome frei im Raum

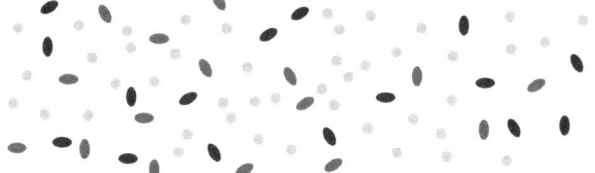

Bis hierhin befinden wir uns in einem Bereich, der durch Hilfsmittel, also technische Geräte, oder durch die bloßen Augen für uns zur Realität gehört. Jeder Mensch, der mit Hilfe solcher Geräte den bisher beschriebenen Teil der physischen Wirklichkeit beobachten kann, wird diese Dimensionen als real akzeptieren und in seine eigene Vorstellung von der Welt aufnehmen können.

Für den Menschen ist also im Grunde alles verstehbar, was er sehen und wahrnehmen kann. Mit den aus physisch grober Materie gebauten Hilfsmitteln, die wir uns geschaffen haben, können wir Phänomene und Geschehnisse bis hin zu dieser vierten physischen oder "ionischen" Stufe wahrnehmen und beobachten. Durch unsere Geräte, die aus Materialien der ersten drei physischen Schwingungsebenen gebaut sind, können wir teilweise schon Teilchen von so außergewöhnlicher Kurzlebigkeit und uns derart unbekannten Verhaltensweisen und Qualitäten wahrnehmen, daß ihre Herkunft noch ein für die Wissenschaft ungeklärtes Rätsel bleibt. Doch wie weit glauben wir, in höherschwingende Bereiche mit der Hilfe von Geräten blicken zu können, die aus den niedrigsten drei Schwingungsmöglichkeiten gebaut sind? Daß diese Möglichkeiten begrenzt sind, dürfte selbst für den konservativsten Materialisten, zumindest theoretisch, einleuchtend sein.

Welche Alternativen stehen uns also zur Verfügung, um höhere Schwingungsebenen, sei es innerhalb des physischen Frequenzspektrums oder noch darüber hinaus, wahrzunehmen? Die Möglichkeiten hierzu liegen im Menschen selbst. Wir besitzen "feinstoffliche Organe", von denen die meisten Menschen heute nichts wissen. Diese "Organe" oder "Fähigkeiten zur Wahrnehmung" sind uns nicht bekannt, weil wir in einem Umfeld aufgewachsen sind, dem sie ebenso unbekannt waren. So haben wir nicht einmal von diesen "feinstofflichen Organen" oder "Fähigkeiten" gehört, und daher haben sie auch keinerlei Bedeutung und Realität in unserem Dasein. Im Rahmen der weiteren Ausführungen wird auf diese Möglichkeiten und Fähigkeiten des Menschen näher eingegangen.

Die fünfte physische Schwingungsebene nennen wir den niederen Äther oder auch die dritte Ätherebene. Sie ist nicht für unser physisches Auge sichtbar und ist daher für die meisten von uns nicht existent, da wir sie nicht bewußt erfahren. In diesem Bereich ist soviel Energie vorhanden, daß sich selbst die Bestandteile der Atome, die Positronen, Neutronen und Elektronen in ihre Bestandteile aufgelöst haben. Anders ausgedrückt, die Bestandteile, die sonst ein Positron formen und ausmachen, haben soviel Energie absorbiert und haben eine so hohe Schwingungsrate erreicht, daß sie nicht mehr zusammenhalten können. In diesem dritten, dem niedrigsten Äther, befindet sich die physische Materie in einer solch hohen Schwingung, daß sie für keine technischen Geräte direkt registrierbar ist.

Der niedrigste oder 3. Äther

Positronen ●
Neutronen ●
Elektronen ·

Auch die Positronen, Neutronen und Elektronen lösen sich in ihre Bestandteile auf, bis nur noch Energie übrigbleibt, die sich bewegt und verändert.

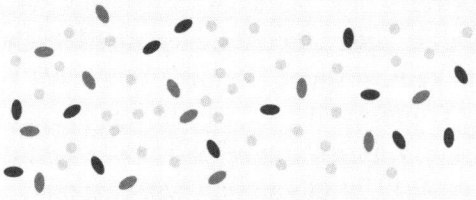

Der niedrigste Äther formt die Materie und tauscht mit dieser ständig Energie aus.

Durch den 3. Ätherbereich werden ständig die kleinsten physischen Materieteilchen geformt. Ein Zuviel an Energie wird von der Materie wiederum an den niedrigsten Ätherbereich abgegeben.

Ein direkter Nachweis dieser Schwingungsebene ist somit durch technische Hilfsmittel im Moment nicht möglich. Es wäre auch unsinnig, einfach an die Existenz dieser fünften physischen Ebene zu glauben, denn dadurch wäre man niemals sicher, ob sie wirklich existiert. Hier befinden wir uns selbst innerhalb der Physis an einem Punkt, den wir nicht mehr als "materiell" im heute gebräuchlichen Sinne bezeichnen können. Somit ist also bereits ein Teilbereich der physischen Ebene heutzutage nicht im allgemeinen Verständnis wiederzufinden.

Mit dem dritten Äther und allen noch höheren Schwingungsfrequenzen bewegen wir uns in einem Bereich, den wir letztlich nur verstehen können, wenn wir die in uns vorhandenen Möglichkeiten, diese Ebenen wahrzunehmen, trainieren und schulen. Da die Ursachen aller Effekte und Wirkungen von Pyramiden aber in diesen Schwingungsbereichen liegen, kann das Geschehen, das durch Pyramiden ausgelöst wird, letztlich erst endgültig von jemandem voll und ganz verstanden, wahrgenommen und erfahren werden, der seine inneren Fähigkeiten zur Wahrnehmung dieser Bereiche schult*. Für die meisten von uns kann dieses Buch zunächst einmal nur eine Theorie und Anregung zu einem neuen Erfahren sein, das erst durch die wachsende Wahrnehmung und Erfahrung jedes Einzelnen für diesen zur Wirklichkeit wird.

Genauso, wie die einzelnen Atome, die in der ionischen Energiestufe vorliegen, auch die niedrigstschwingende feste Ebene ausmachen und formen, so ist die Ätherenergie auch im ionischen bzw. physisch festen Zustand präsent. Die höherschwingende Ätherenergie ist der Baustoff der gröberen und langsamer schwingenden physischen Materie. Man kann sagen, die Ätherenergie kreiert oder ermöglicht durch ihre Präsenz erst die gröberen physischen Schwingungsebe-

---

* Techniken hierzu finden Sie u.a. in den Büchern von Regine Zopf, "Das Unsichtbare wird sichtbar, Die Chakren und ihre Bedeutung für den heutigen Menschen" und "Das Unsichtbare wird sichtbar, Die Energiekörper des heutigen Menschen", siehe Anhang Literaturempfehlungen.

nen. Ebenso ist es richtig, daß die Ätherenergie die Materie der ersten vier physischen Energieniveaus, ständig durchwirkt und durchdringt. Das Höherschwingende durchdringt also ständig das Niedrigerschwingende. Ja, die Materie kann ohne die ständige Energiezufuhr der Ätherenergie gar nicht existieren. Ätherenergie jedoch kann auch dort vorhanden sein, wo sich "noch" keine Materie befindet. Andauernd wird Ätherenergie heruntertransformiert und "erscheint" dadurch als Materie oder energetisiert die physischen Bestandteile derselben. Umgekehrt verschwinden ständig kleinste physische Teilchen, die durch Energiezufuhr wieder in den Ätherbereich übergegangen sind. Ein steter Austausch, ein immer fortwährendes Transformieren von verschiedenen Energieformen der Physis findet statt. Ein Teil dieses Kommens und Gehens wird inzwischen wiederum mit der Hilfe von Geräten beobachtet. Die Einordnung dieser Phänomene bereitet der Wissenschaft jedoch erhebliches Kopfzerbrechen, da man die vorgefundenen Geschehnisse und Phänomene nicht mit den Maßstäben des bisherigen, rein materiellen Weltverständnisses erklären kann.

Der niedrigstschwingende oder auch dritte Äther, bzw. die fünfte physische Schwingungsebene, durchwirkt also ständig alle niedrigeren Energiebereiche. Alles was wir sehen, hören oder in irgendeiner anderen Form durch unsere Sinne wahrnehmen, ist ständig von Ätherenergie durchdrungen, wird von ihr geschaffen und erhalten. Dem Teil der Ätherenergie, der sich schon in niedrigere physische Ebenen heruntertransformiert hat, wird deshalb auch der Name "electrical precursing energy" oder einfach "epe" gegeben, was soviel wie "Elektrizität verursachende Energie" bedeutet. Die elektrische Qualität der Bestandteile der Protonen,

Neutronen und Elektronen wird durch die Ätherenergie, die diese ständig durchwirkt, bestimmt. Die Ätherenergie formt die elektrische und auch chemische Qualität der Atome und damit der gesamten physischen Materie.

Der dritte Äther durchwirkt die gesamte Materie und ist von seiner Ausdehnung dadurch naturbedingt größer als die Bestandteile der Materie selbst. Jedes Atom ist also durchdrungen und umhüllt von der dritten Ätherenergie.

Das Ätherenergiefeld eines Atoms

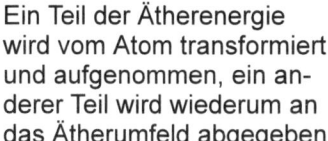

Ein Teil der Ätherenergie wird vom Atom transformiert und aufgenommen, ein anderer Teil wird wiederum an das Ätherumfeld abgegeben

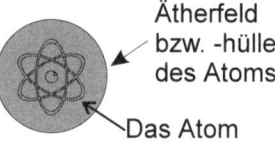

Ätherfeld bzw. -hülle des Atoms

Das Atom

Dies gilt natürlich auch für jedes Atom, das unseren menschlichen Körper bildet. Die Ätherenergiefelder aller einzelnen Atome eines menschlichen Körpers formen dessen Ätherkörper, der etwas größer ist als der physische Körper selbst. Im Ätherkörper befinden sich innerhalb des Frequenzspektrums des dritten Äthers Energiebahnen, durch die die Ätherenergie an jeden beliebigen Platz im Körper geleitet werden kann und ständig geleitet wird. Diese Energiebahnen des dritten Äthers nennt man seit Jahrtausenden "Meridiane" oder auch "Akupunkturbahnen". Ihren Energiefluß kann man an den Kreuzungspunkten dieser Energiebahnen leicht beeinflussen. Ein Eingriff in diesen Energiefluß zur Stabilisierung des physischen Körpers wird an der Hautoberfläche bzw. im Ätherbereich außerhalb des physisch festen Körpers durch das Setzen von Akupunkturnadeln vorgenommen.

Energiebahnen des 3. Äthers im menschlichen Körper

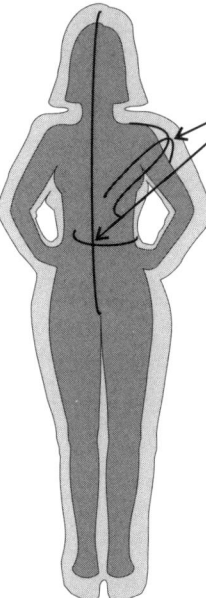

Die Energiebahnen des 3. Äther kreuzen sich hier außerhalb des physisch festen Körpers und können an diesen Stellen angeregt oder auch beruhigt werden.

Dieses Schaubild soll nur die Funktionsweise dieser Energiebahnen veranschaulichen. Genauere Informationen finden Sie hierzu in der Literatur über Meridiane und Akupunkturbahnen.

Jedes unserer einzelnen Atome hat also eine Ätherhülle, hier erst einmal auf den dritten Äther bezugnehmend. Je mehr sich Menschen schulen würden, den dritten Äther wieder zu sehen, desto genauer könnte seine Wirkungsweise verstanden werden, und umso präziser könnte auf diesem Wege dem menschlichen Organismus geholfen werden.

Bereits vor tausenden von Jahren war es Forschern durch solche Bemühungen gelungen, sich über die Akupunkturbahnen bewußt zu werden. Sie hatten sich mit dem "inneren Auge" auf das feinstoffliche Energiesystem des Menschen eingestimmt und so ihre Fähigkeit zur Wahrnehmung desselben trainiert. Nur durch diese Anstrengungen gelangte ein Teil des Wissens um den Ätherkörper des Menschen bis in unsere heutige Zeit. Geräte zur Erforschung des dritten Äthers zu verwenden ist schwierig, und ihre Erfindung wäre fast eine unnötige Zeitverschwendung, da uns ja schon alle inneren Möglichkeiten hierfür zur Verfügung stehen. Zur Erforschung dieser Bereiche braucht es Menschen, die jenseits bisher bestehender gedanklicher Begrenzungen voranschreiten, damit für sie das "Unsichtbare" wieder sichtbar wird.

Die sechste physische Schwingungsebene ist der zweite oder auch mittlere Äther. Er kann auch als Ur-Äther bezeichnet werden, da seine Frequenzen im gesamten physischen Universum vorhanden sind. Die Frequenz des mittleren Äthers ist noch einmal höher als die des dritten Äthers, und natürlich durchdringt dieser mittlere Ätherbereich wiederum den dritten Äther und alle niedrigeren Schwingungsebenen der Physis. Seine Ausdehnung ist dementsprechend noch etwas größer als die des dritten Äthers. Der mittlere Ätherbereich ist für die Betrachtungen in diesem Buch, bezüglich Pyramiden, besonders wichtig, denn hier "arbeitet" Pyramidenenergie. Der menschliche Körper ist also auch durchdrungen bzw. umhüllt von der mittleren Ätherenergie, genauso wie dies überhaupt jedes einzelne physische Atom oder auch jedes einzelne Ion ist.

Ätherenergie durchdringt ein Atom

Ein Teil der Ätherenergie wird vom Atom transformiert und aufgenommen

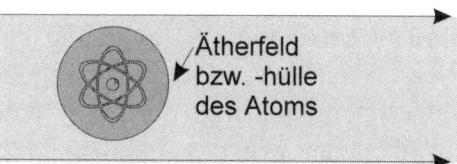

Ätherfeld bzw. -hülle des Atoms

In diesem, unseren physisch festen Körper durchdringenden Energiefeld, dem Ätherkörper, befinden sich sieben Ätherenergieverdichtungen oder auch "Ätherorgane". Sie transformieren sieben verschiedene Schwingungsfrequenzen oder -qualitäten aus dem mittleren Äther und führen sie dem physischen Körperorganismus zu. Diese sieben "Ätherenergieverdichtungen" in unserem Ätherkörper nennt man Chakren. Die Chakren sind über ihre Schwingungsfrequenzen direkt mit niedrigerschwingenden physisch festen Organen unseres Körpersystems verbunden, den endokrinen Drüsen. Sie sind die Lagerplätze für Hormone in unserem Körperorganismus. Werden sie durch die ihnen entsprechenden Frequenzen stimuliert, geben sie Hormone frei. Diese steuern dann praktisch alle Körperfunktionen von der Reinigung unseres Körperinneren bis hin zu den höchsten physischen Bewußtseinserfahrungen.

Die letzte oder auch siebte physische Schwingungsebene wird erster Äther genannt. Einige der vorher erwähnten Chakren können bei voller Funktion und unter gewissen Voraussetzungen auch in dieser höchsten physischen Schwingungsebene arbeiten. Der erste Äther durchdringt wiederum sämtliche niedrigerschwingenden Ebenen und führt diesen Energie zu. Er bildet die Verbindung zu der nächsthöheren Energieebene, von der er ständig Energie aufnimmt bzw. an diese abgibt. Der höchste oder erste Äther ist also die physische Ebene, die ständig einen Austausch an Energie mit dem nächsthöheren Schwingungsbereich hat.

Dieser nächsthöhere Schwingungsbereich ist nicht mehr physischer Natur, sondern hat schon eine andere eigene Bewußtseinsqualität, die man "emotional" oder auch "astral" nennt. Von der Astralebene fließt ständig Energie in den höchsten physischen Äther und wieder zurück. Die Astralebene kann, wie die physische, auch in verschiedene Schwingungsniveaus unterteilt werden. Der gesamte Astralbereich durchwirkt alle niedrigerschwingenden Bereiche, also die physischen und hat dementsprechend eine größere Ausdehnung.

Die höchste Stufe des Astralbereiches bekommt ihrerseits ständig Energie von dem nächsthöheren Energiebereich bzw. gibt Energie an diesen ab. Dieser nächsthöhere Bereich wird "Mentalebene"* genannt. Auch diese Ebene kann in mehrere Schwingungsniveaus unterteilt werden und durchwirkt alle niedrigeren Schwingungsebenen, wie die Astral- und die physische Ebene. Die Mentalenergie ihrerseits wird von einer noch höherschwingenden Energieebene andauernd mit Energie versorgt, die man "buddhische" oder "Spiritual"- Ebene nennt.

Die Erfahrbarkeit der physischen Schwingungsbereiche

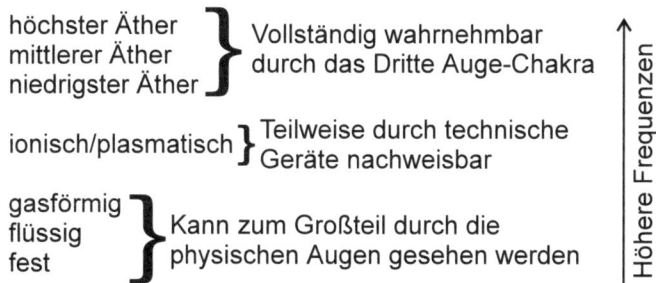

---

* siehe Anhang Literatur- und Arbeitsverzeichnis, Regine Zopf, "Das Unsichtbare wird sichtbar, Die Chakren und ihre Bedeutung für den heutigen Menschen" und "Das Unsichtbare wird sichtbar, Die Energiekörper des heutigen Menschen".

Der Aufbau der physischen Ebene

Name des Energiebereiches	Bestandteile
fest	relativ starrer Verbund von Atomen
flüssig	weniger starrer Verbund von Atomen
gasförmig	einzelne, nur lose verbundene Atomgruppen
ionisch/ plasmatisch	einzelne Ionen oder auch einzelne Bestandteile der Atome
3. Äther	reine physische Energie, keine Teilchen, Übergang zur aus Teilchen bestehenden Materie
2. Äther	reine physische Energie, keine Teilchen, existiert überall im Universum
1. Äther	höchste physische Schwingungsfrequenz, Verbindung zum astralen Energieniveau

Die höherschwingenden Energiebereiche der Physis durchdringen die niedrigerschwingende Materie ↑

In diese Richtung nimmt die Schwingungsrate, die Frequenz, zu ↓

Die wichtigsten Energiebereiche

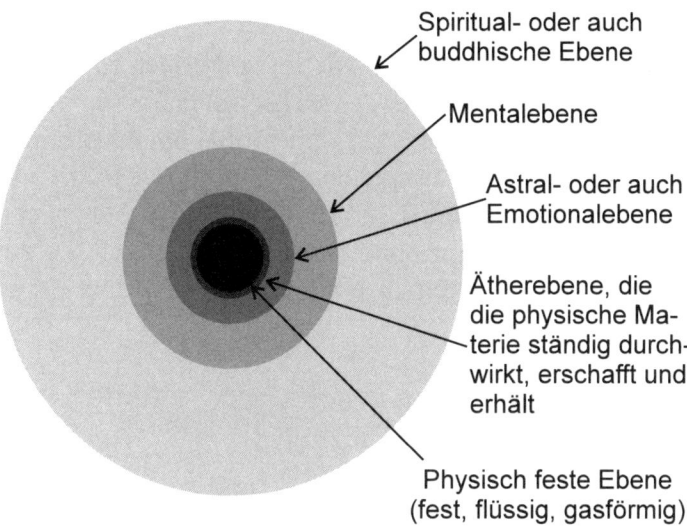

Spiritual- oder auch buddhische Ebene

Mentalebene

Astral- oder auch Emotionalebene

Ätherebene, die die physische Materie ständig durchwirkt, erschafft und erhält

Physisch feste Ebene (fest, flüssig, gasförmig)

Dieses Bild soll noch einmal zeigen, daß die höheren Energieebenen die niedrigerschwingenden durchwirken und daß somit alle Energieniveaus im Menschen miteinander verbunden sind und sich gegenseitig beeinflussen.

Pyramiden und Chakren

Die Chakren befinden sich, wie im vorherigen Kapitel beschrieben, im Ätherkörper des Menschen und zwar im mittleren Ätherbereich. Jedes der sieben Chakren transformiert aus der uns ständig umgebenden und durchströmenden Ätherenergie eine ganz bestimmte Komponente, einen ganz bestimmten Frequenz- und Bewußtseinsbereich, heraus. Man kann die Chakren auch die Organe des Ätherkörpers nennen.

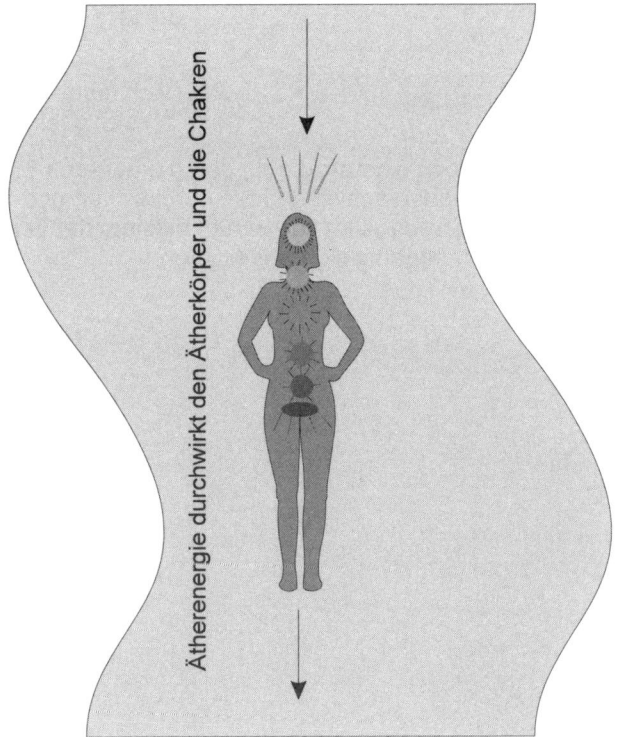

Ätherenergie durchwirkt den Ätherkörper und die Chakren

Die Ätherenergie des mittleren Frequenzspektrums wird also durch die Chakren in sieben ganz spezifische Qualitäten oder auch Unterfrequenzen umgewandelt.

Die Lage der sieben Chakren im Ätherkörper

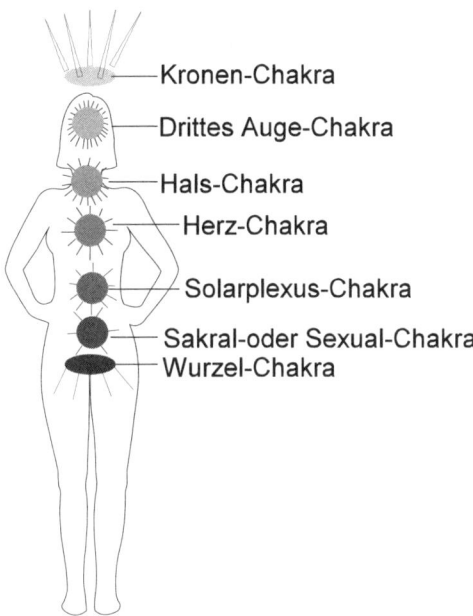

Das erste Chakra oder auch Wurzel-Chakra stellt unserem Körpersystem Ätherenergie in einer Qualität zur Verfügung, die uns das Bilden und Erhalten eines physisch festen, flüssigen und gasförmigen Körpers ermöglicht. Die mit dem ersten Chakra korrespondierenden endokrinen Drüsen sind die Nebennieren.

Das zweite Chakra oder auch Sakral-Chakra bindet und transformiert Ätherenergie in einer solchen Form, daß die einzelnen physischen Atome, die unseren Körper bilden, und somit auch ganze Zellen und größere Zellverbünde (Organe), mit Vitalitätsenergie versorgt werden. Seine korrespondierenden endokrinen Drüsen, die Geschlechtsdrüsen, ermöglichen uns die Erfahrung von Vitalität, Lebenskraft und Sexualität in unserem Leben.

Der physische und der Ätherkörper

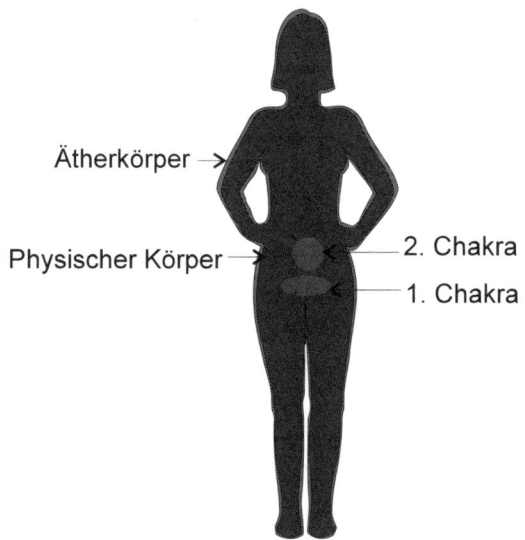

Das 1. und das 2. Chakra binden den Ätherkörper an den physischen Körper und stabilisieren seine Grundfrequenz

Das dritte Chakra oder auch Solarplexus-Chakra transformiert die Ätherenergie so, daß an jede Körperzelle astrale bzw. emotionale Energie gelangt. Damit können wir in unserer physischen Existenz gleichzeitig auch unsere emotionale Realität wahrnehmen und erfahren. Mit dem dritten Chakra korrespondiert die Bauchspeicheldrüse.

Das vierte Chakra oder auch Herz-Chakra ermöglicht, daß sich die höheren Schwingungsbereiche der Astralenergie auch physisch auf uns auswirken. Dadurch erfahren wir, was wir pauschal als Liebe bezeichnen. Dieses Chakra korrespondiert mit der Thymusdrüse, von der man noch Anfang dieses Jahrhunderts glaubte, daß sie bei Erwachsenen genauso unnötig wäre wie der Blinddarm. Des weiteren ermöglichen und gewährleisten das dritte und das vierte Chakra die direkte Bindung unseres Astralkörpers an den Äther- und physisch festen Körper.

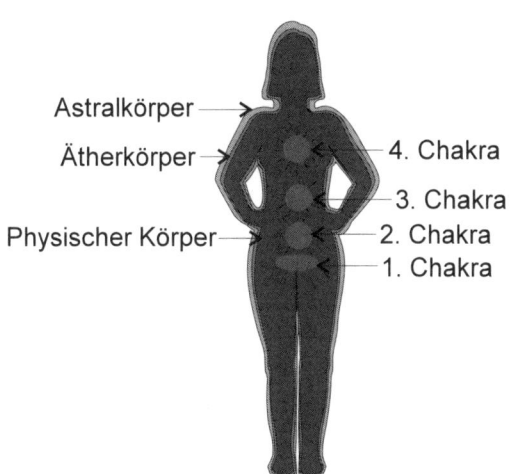

Das 3. und 4. Chakra binden durch die Resonanz ihrer Ätherenergie den Astralkörper an den Äther- und damit auch an den physischen Körper

Das fünfte Chakra oder auch Hals-Chakra transformiert Ätherenergie in Resonanz mit unserem Mentalkörper. Dadurch können wir in unserem physischen Körper Mentalenergie bzw. Gedanken erfahren. Das Hals-Chakra korrespondiert mit der Schilddrüse und ist für unsere Ausdrucksfähigkeit und Kreativität, ebenso wie für das Empfangen und Senden von Gedankenenergien, zuständig.

Das sechste Chakra wird auch das "Dritte Auge" oder Dritte Auge-Chakra genannt. Wie der Name schon sagt, ermöglicht es uns Dinge zu "sehen", die unsere gewöhnlichen physischen Augen nicht erfassen können. Das Dritte Auge-Chakra bindet die höheren Schwingungsbereiche der Mentalenergie an unsere physischen Atome und Körperzellen. Es bildet u.a. das Instrument zur Wahrnehmung aller Phänomene, die wegen ihrer hohen Frequenz nicht von physischen Geräten registriert werden können. Die korrespondierende endokrine Drüse ist die Hypophyse. Des weiteren gewährleisten das fünfte und das sechste Chakra, daß unser Mentalkörper mit unserem Astral-, Äther- und physischen Körper verbunden bleibt.

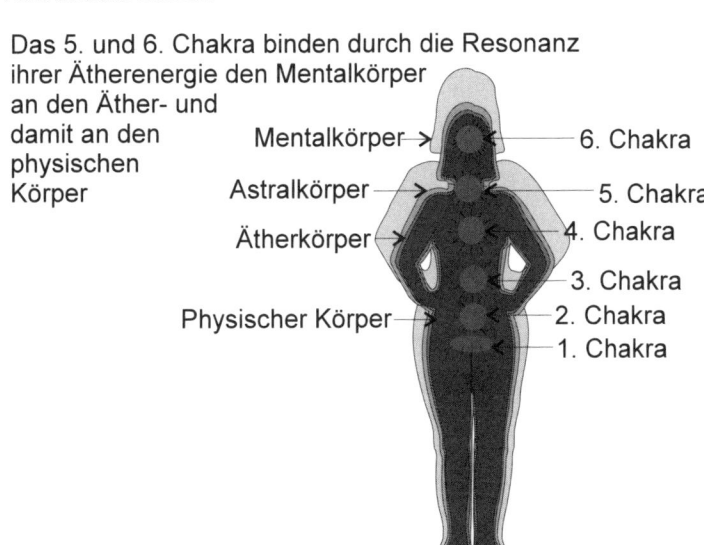

Das 5. und 6. Chakra binden durch die Resonanz ihrer Ätherenergie den Mentalkörper an den Äther- und damit an den physischen Körper

Das siebte Chakra oder auch Kronen-Chakra transformiert die Ätherenergie so, daß wir, vermittelt über die entsprechende endokrine Drüse, die Zirbeldrüse, Spiritualenergie in unserer physischen Wirklichkeit erfahren können. Es stellt unsere Verbindung zu unserem buddhischen Körper, unserem Höheren Selbst oder auch unserer Seele dar.

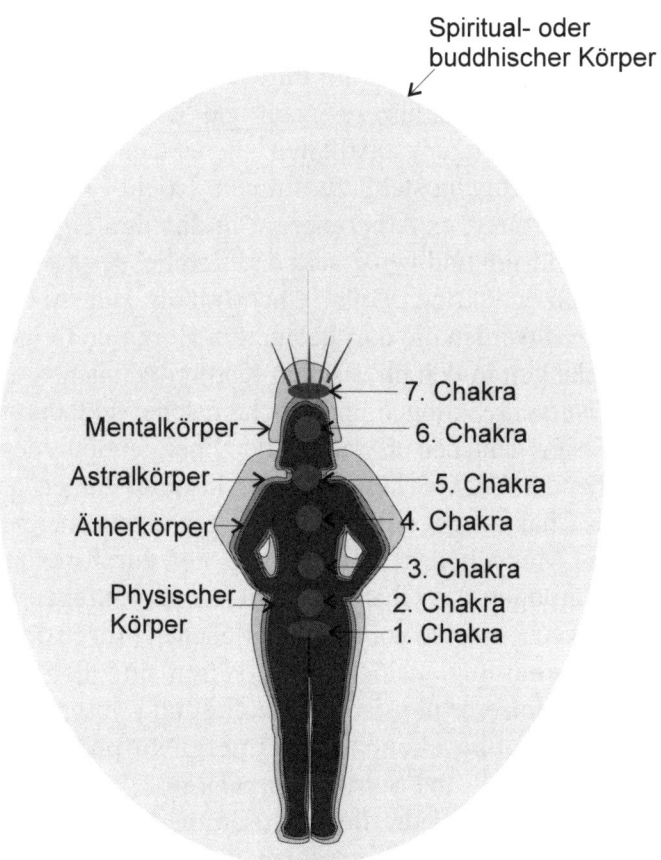

Das 7. Chakra bindet den Spiritualkörper an den Ätherkörper und damit an den physischen Körper des Menschen

Die sieben Chakren im Ätherkörper erfüllen für uns vollkommen lebensnotwendige Funktionen. Ohne sie könnten wir weder existieren, noch fühlen oder denken, geschweige denn die Realität unserer Seele, unseres Spiritualkörpers erfahren!

Die einzelnen Chakren transformieren Ätherenergie in einen jeweils ganz spezifischen Schwingungsbereich. Sie sind Resonatoren und Transformatoren, die sich von ihrer eigenen Schwingung her im mittleren Äther befinden. Jedes Chakra arbeitet also resonant und harmonisch mit den höheren Schwingungsqualitäten, die es unserem Bewußtsein zur Verfügung stellt, zusammen. Ist ein Chakra aktiv, so transformiert es Ätherenergie in das ihm eigene Frequenzspektrum und verursacht dadurch bei der korrespondierenden endokrinen Drüse einen Impuls, sich zu öffnen. Hierdurch werden die dort gelagerten Hormone freigesetzt und gelangen in den physischen Körperorganismus. Diese lösen Nervenreaktionen und biochemische Veränderungen aus, die uns dann den ursprünglichen Energieimpuls des entsprechenden Chakras körperlich direkt wahrnehmen lassen.

Das Chakra steht mit dem ihm zugehörigen Energiekörper des Menschen in Verbindung, der durch resonante Schwingungen das Chakra aktivieren und anregen kann, was dann ebenso den vorher beschriebenen Prozeß der Hormonausschüttung auslöst. Die Chakren sind also Mittler zwischen unserer physischen Realität und unseren höheren Schwingungsebenen bzw. Energiekörpern (Äther-, Astral-, Mental- und Spiritualkörper).

Als ein Beispiel für dieses Zusammenspiel wollen wir Wut als Emotionalenergie wählen, die sich im Astralkörper bildet. Die Anwesenheit dieser Emotionalenergie im Astralkörper wird durch das entsprechende Chakra, in diesem Fall das Solarplexus-Chakra, per resonanter Schwingung aufgenommen und dem Körper als Ätherenergie zur Verfügung gestellt. Aufgrund der dadurch vorliegenden Ätherenergie werden die zu diesem Gefühl passenden Hormone etc. von der entsprechenden endokrinen Drüse, in diesem Fall der Bauchspeicheldrüse, im physischen Körper freigesetzt. Über die von den ausgeschütteten Stoffen ausgelösten Nervenimpulse und biochemischen Veränderungen erfahren wir dann direkt die Emotion, in diesem Fall Wut, in unserem physischen Körper. Vielleicht zieht sich der Magen zusammen oder die Hände beginnen zu schwitzen. Durch eine Schwingung im Emotionalkörper wurde, vermittelt über das Solarplexus-Chakra und seine Einwirkung auf die Bauchspeicheldrüse, eine elektrische und biochemische Reaktion im physischen Körper ausgelöst, die wir dann als Wut identifizieren können. Das Gleiche gilt im Prinzip für jeden Gedanken oder für jedes Gefühl, das wir wahrnehmen, aber auch für Gedanken und Gefühle, die unbewußt in uns ablaufen.

Natürlich können wir bei ausreichender Sensitivität unsere Gefühle und Gedanken auch in den jeweils entsprechenden Energiekörpern direkt wahrnehmen, sobald sie dort geschehen. Unsere höheren Schwingungsebenen bzw. -körper beeinflussen durch Resonanz ständig unsere niedrigeren Schwingungsbereiche, also unseren Äther- und physischen Körper. Wenn wir über längere Zeiträume negative Gedanken und/oder Gefühle in unseren entsprechenden Körpern tragen, dann werden dadurch automatisch früher oder später negative disharmonische Frequenzen in unseren niedrigeren Schwingungsbereichen ausgelöst. Der Äther- und letztendlich dadurch der physische Körper werden entsprechend den negativen Gedanken und/oder Gefühlen disharmonische Energien formen, die wir schließlich als Krankheit im physischen Körper identifizieren können. Das Geschehen in unseren höheren Energiekörpern bestimmt sehr stark die Stabilität unserer niedrigerschwingenden physischen Realität.

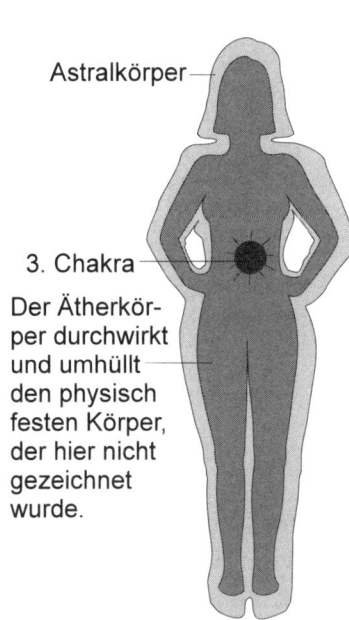

Astralkörper

3. Chakra

Der Ätherkörper durchwirkt und umhüllt den physisch festen Körper, der hier nicht gezeichnet wurde.

Der Astralkörper umhüllt und durchwirkt den Äther- und physischen Körper. In ihm finden die Emotionen statt. Der Astralkörper löst im Ätherkörper resonante, das heißt diesem entsprechende und in seinem Wirkungsbereich liegende Frequenzen aus. Über die somit zur Verfügung stehende Ätherenergie wird das entsprechende Chakra aktiviert. Dieses ermöglicht dann die Öffnung der mit diesem korrespondierenden endokrinen Drüse, die ihre Hormone ausschüttet. Die Hormone lösen wiederum elektrische und biochemische Veränderungen im physischen Körper aus, die wir als unser Gefühl erfahren und identifizieren können. Wir können unsere Gefühle aber auch direkt, also ohne ihre physischen Auswirkungen, in unserem Astralkörper wahrnehmen.

Genauso wie ein Chakra eine bestimmte Ätherfrequenz produziert, wird es andererseits auch angeregt zu arbeiten, wenn ihm die entsprechende Ätherfrequenz, oder eine resonante, höhere oder niedrigere Schwingungsoktave von aussen zugeführt wird.

Jede Frequenz, wie z.B. ein beliebiger Ton "C" auf dem Klavier, erreicht, wenn seine Schwingung entweder verdoppelt oder halbiert wird, eine nächsthöhere bzw. nächstniedrigere Oktave, das heißt Resonanzstufe. Resonanz entsteht z.B. wenn man eine Klavierseite mit 416 Hertz (Schwingungen pro Sekunde) zum Klingen bringt. Durch diese Tonschwingungen der Klavierseite entsteht ein Ton. Gleichzeitig werden aber auch alle anderen Klavierseiten, die die doppelte oder halbierte Frequenz etc. haben, angeregt zu schwingen. Die ursprüngliche Klavierseite mit 416 Hertz aktiviert alle Klavierseiten mit 832 Hertz, 1064 Hertz usw., bzw. mit 208 Hertz, 104 Hertz usw. Diesen Effekt nennt man Resonanz.

Jede mit einem Chakra resonante Schwingung, egal aus welchem Frequenzbereich, kann das Chakra aktivieren und stimulieren mehr zu arbeiten. Chakren werden also nicht nur durch die ihnen entsprechende Ätherenergie angeregt, sondern auch durch die ihnen entsprechenden Oktaven in den Frequenzbereichen von Tönen, Licht und Farben, Elektro- und Magnetfeldfrequenzen etc. Auch die jeweiligen Äther- und höheren Frequenzen, die von der Erde, dem Mond, von der Sonne und den anderen Gestirnen ausgesandt werden, aktivieren die Chakren, entsprechend der Resonanz ihrer Frequenzen. Ebenso haben höherschwingende Oktaven im Emotional- bzw. Mentalbereich einen dementsprechenden Einfluß auf unsere Chakren. Jede harmonische Schwingung, egal welcher Oktave und welches Frequenzspektrums, stimuliert das entsprechende Chakra und hilft diesem, seine Arbeit zu tun.

Frequenzen, die nahe an den jeweiligen Oktaven liegen, aber nicht exakt diesen entsprechen, sind auf der anderen

Seite für die Chakren ein blockierender oder überstimulierender, den harmonischen Arbeitsfluß störender Faktor.

Unsere Chakren reagieren somit als hochsensible Resonatoren auf Schwingungen verschiedenster Art. Positiv wirken hierbei nur die harmonischen, exakten Frequenzen in allen Oktaven auf die jeweiligen Chakren ein. Störend wirken sich vor allem alle Frequenzen aus, die sich in der Nähe der korrekten Schwingung befinden, aber nicht mehr exakt genug sind und somit eine Verzerrung verursachen.

Ein Chakra wird beeinflußt durch:

Höhere Schwingungsoktaven durch entsprechende Astral- (Emotional-) oder Mentalenergien.

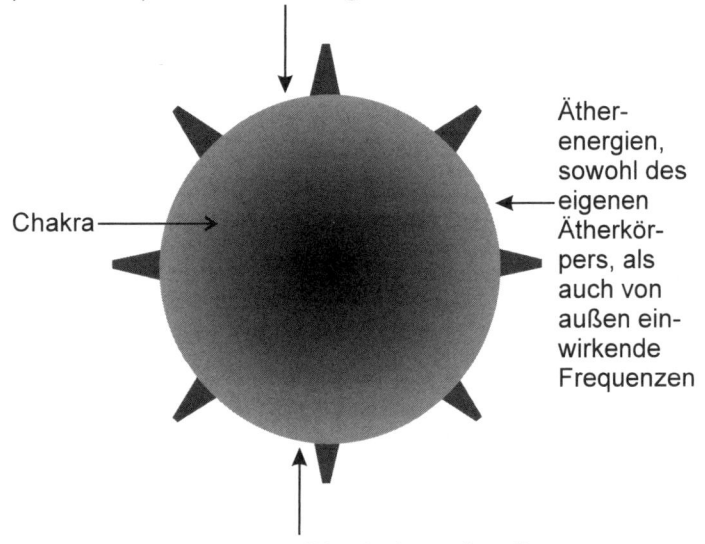

Chakra

Ätherenergien, sowohl des eigenen Ätherkörpers, als auch von außen einwirkende Frequenzen

Schwingungen aus dem Physischen wie z.B.: Magnetfeldfrequenzen, elektrische Frequenzen, Licht, Farben, Töne etc.

Chakren

Chakren und Bewußtsein

Die Chakren stellen uns also durch ihre Arbeit im mittleren Äther verschiedenste Bewußtseinserfahrungen zur Verfügung. Dies beginnt damit, daß wir überhaupt physisch existieren können, geht weiter über unsere Vitalität und Sexualität, unsere Gefühle und Gedanken, bis hin zur Wahrnehmung unserer Seele, unseres buddhischen Körpers. Damit die von ihnen produzierte Ätherenergie unser tägliches Bewußtsein erreicht, wird sie zur Formung physischer Bausteine in unserem Körper verwendet, von denen wir heute einige kennen und diese als Hormone, Neuropeptide etc. bezeichnen. Da jedes physische Atom von Ätherenergie durchwirkt wird, erzeugt die präzise Ätherfrequenz der Chakren auch ganz bestimmte Kombinationen von Atomen. Hierzu noch einmal unser Schaubild:

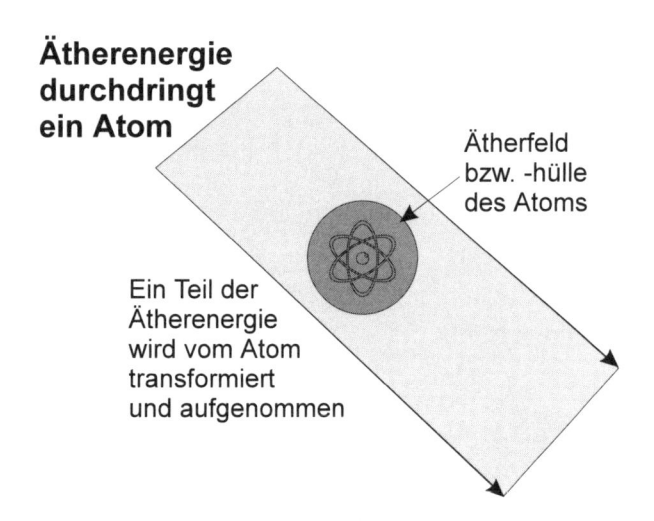

Ätherenergie durchdringt ein Atom

Ätherfeld bzw. -hülle des Atoms

Ein Teil der Ätherenergie wird vom Atom transformiert und aufgenommen

Diese Baustoffe, die zum Teil in den schon angesprochenen endokrinen Drüsen gelagert werden, sind ein exaktes Abbild bzw. eine resonante, heruntertransformierte Oktave des jeweiligen Chakras, sowohl in ihrer Magnetfeld- als auch elektrischen Frequenz. Sie übermitteln somit das Bewußtseinsgeschehen des jeweiligen Chakras und der in diesem ablaufenden Vorgänge in die gröberen physischen Ebenen der Elektrizität und der Biochemie. Die Übermittlung geschieht z.B. dadurch, daß die Chakren die Ausschüttung der Hormone aus den endokrinen Drüsen steuern. Hormone, die man als Botenstoffe bezeichnen kann, lösen elektrische Impulse in Nervenbereichen im Körper und im Gehirn aus, so daß wir dadurch direkt die jeweiligen Bewußtseinsveränderungen in unserem physischen Körper erfahren. Somit steht uns durch die oben beschriebenen Mittlerstoffe das entsprechende Bewußtsein jetzt physisch zur Verfügung und wird von uns in unserem physisch festen Körper erfahren, z.B. vom Gehirn, von einzelnen Organen, von der Muskulatur oder der Hautoberfläche.

Als ein Beispiel dieses Zusammenspiels wollen wir das Geschehen im Sakral-Chakra betrachten. Arbeitet dieses Chakra harmonisch, und erhält es von außen harmonische Stimulierung durch seine exakten Frequenzoktaven, dann werden dementsprechend die dazugehörigen Hormone etc. hergestellt und ausgeschüttet. Dem Menschen steht dadurch ein großes Potential an physischer Vitalität und somit natürlich auch Sexualität zur Verfügung (siehe Zeichnung auf der folgenden Seite).

Das Zusammenspiel zwischen den Chakren und den endokrinen Drüsen:

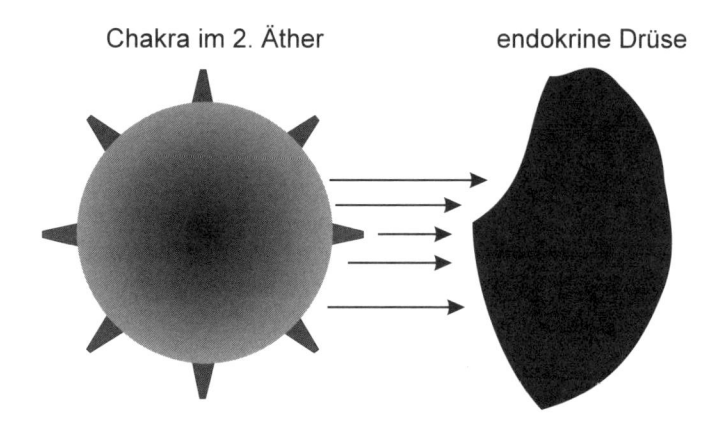

Chakra im 2. Äther   endokrine Drüse

Das Chakra transformiert Ätherenergie und wird durch äußere Schwingungen unterstützt oder auch gestört. Kann das Chakra ungestört arbeiten, dann setzt die endokrine Drüse die in ihr enthaltenen Stoffe in den Körperorganismus frei.

Neben der harmonischen Funktion des Chakras und äusseren unterstützenden Einflüssen braucht unser Körper auch noch die Bausteine, aus denen Hormone etc. angefertigt werden können. Bausteine hierfür sind z.B. Aminosäuren, aber auch Mineralien, Vitamine und Enzyme. Diese müssen dem Körper in ausreichendem Maße zugeführt werden, was bei unserer heutigen stark belasteten und vergifteten Umwelt gar nicht mehr ohne weiteres der Fall ist.

Der Mensch ist also ein multidimensionales, multifrequentes Wesen, das harmonische Resonanz in all seinen Schwingungsebenen zum Leben braucht.

Die multidimensionalen Schwingungsebenen des Menschen

Spiritualebene
Mentalebene } höhere Energiekörper
Astralebene

Ätherebene } Chakren als Mittler und Verbindungsresonatoren zwischen den höheren Körpern und dem physischen Körper des Menschen

Bio-Magnetfelder
Bio-(Licht)-Photonen } physischer Körper
Bioelektrizität
Biochemie

Jede harmonische Frequenz, egal zu welcher dieser Schwingungsebenen sie gehört, stärkt die Funktion des gesamten Energiesystems des Menschen. Jede disharmonische Frequenz schadet dem Menschen, unabhängig davon, ob es sich um negative Gedanken-, Gefühls-, Äther-, oder elektrische Frequenzen oder auch für den physischen Körperorganismus nicht verwertbare z.B. genmanipulierte Baustoffe handelt.

Pyramiden – die Form, die menschliches Leben unterstützt

Im Universum und dementsprechend auf der Erde gibt es ein Spektrum von 21 (also 3 mal 7) verschiedenen Mineralformen bzw. Mineralgittern. Jedes Mineral besteht aus Atomen und diese sind, wie in den letzten Kapiteln beschrieben, durchwirkt von Ätherenergie, bzw. sie werden überhaupt erst geformt durch die ihnen gemäße Ätherfrequenz. Eine der 21 Formen der Natur hat für unsere Betrachtungen in diesem Buch die Hauptbedeutung: die Form der vierseitigen, auf einer quadratischen Basis aufbauenden Pyramide. Lange bevor es Menschen auf der Erde gab, existierten im Universum schon Pyramiden und zwar in mineralogischen Naturverbindungen. Die bei uns wohl bekannteste hiervon ist der Diamant, der sogar einen perfekten Oktaeder, d.h. eine doppelte Pyramide bildet:

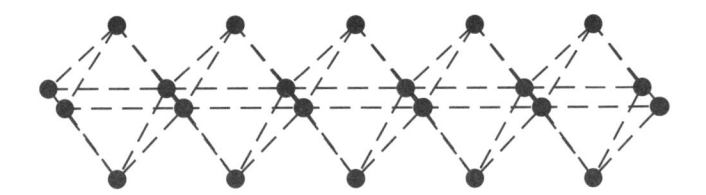

und der Mensch

Ein weiteres Element, das in der Natur die Form einer vierseitigen Pyramide annimmt, ist das Gold. Die pyramidale Form des Goldes steigt bei zunehmender Reinheit. Die andere Form, die das Mineral Gold bildet, ist der Quader oder Würfel.

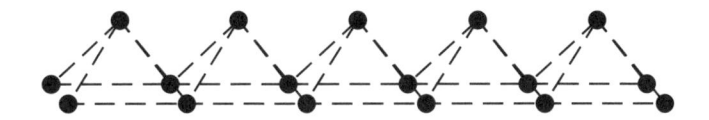

Die hier beschriebenen, von der Natur geformten Pyramiden sind quadratisch in der Basis, gleichschenkelig in ihrer Kantenhöhe und entsprechen folgenden Winkeln:

Die Winkel der mit dem Menschen resonanten Pyramide

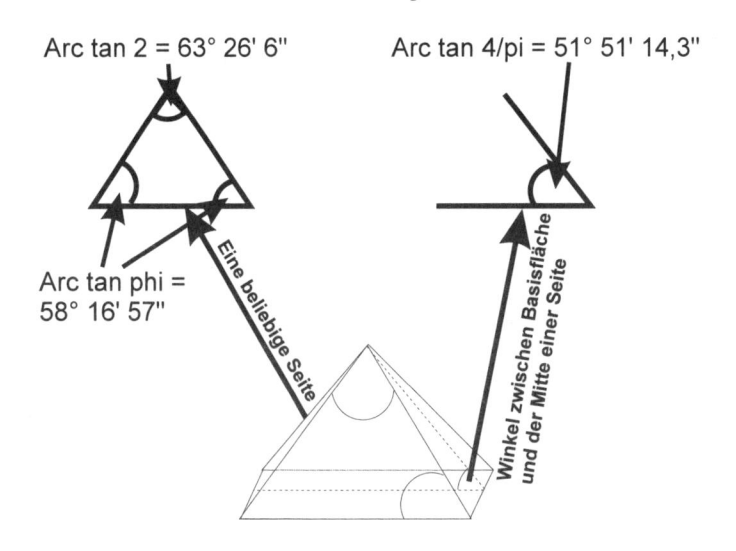

Arc tan 2 = 63° 26' 6"

Arc tan 4/pi = 51° 51' 14,3"

Arc tan phi = 58° 16' 57"

Eine beliebige Seite

Winkel zwischen Basisfläche und der Mitte einer Seite

Aus dieser Winkelkombination ergibt sich, daß der Umfang der Pyramiden, wenn er durch ihre zweifache Höhe geteilt wird, exakt der Zahl pi = 3,141... entspricht.

Die Zahlen und Winkel dieser natürlichen Pyramiden spiegeln ihre energetische Funktion und Ätherfrequenzbedeutung wider. Eine Pyramide mit diesen Winkeln transformiert die von ihr gebundene und sie durchwirkende Ätherenergie in sieben Unterfrequenzen, die exakt den Äthergrundfrequenzen der sieben Chakren des Menschen entsprechen. Man kann sagen, daß lange bevor der erste Mensch physisch auf der Erde existierte, Ätherenergie durch bestimmte Mineralien in eine Form umgewandelt wurde, die menschliches Leben bzw. die Ätherfrequenzen für dieses erst ermöglicht und vorbereitet hat. Andererseits ist es aber auch so, daß noch früher Ätherenergie vorhanden gewesen sein muß, die es der physischen Materie ermöglichte, sich in der Form einer vierseitigen Pyramide zu organisieren.

Vierseitige Pyramiden, wir wollen sie der Einfachheit halber ab jetzt nur noch als Pyramiden bezeichnen, wie sie von der Natur in der oben beschriebenen Weise gebaut werden, transformieren also Ätherenergie, bzw. sind von transformierter Ätherenergie umgeben, die den exakten Grundfrequenzen der menschlichen Chakren im Ätherbereich entspricht. Ein Mensch, der sich mit Pyramiden umgibt, führt sich durch diese harmonische Ätherenergie zu und stärkt damit die Funktion seiner Chakren. Dadurch wird mehr harmonische Bewußtseinsenergie stimuliert, was dem Menschen die Möglichkeit zu mehr Energie in allen Bewußtseinsbereichen und damit im gesamten Leben gibt.

Die Resonanz des Menschen mit den Ätherfrequenzen einer Pyramide der beschriebenen Winkel spiegelt sich natürlich auch im Aufbau unseres physischen Körpers wider.

und der Mensch

Wir sind Lebewesen, die in jeder Körperzelle Kohlenstoff (C) haben. Der Kohlenstoff hat in unseren Körperzellen die Form einer vierseitigen Pyramide. Hierdurch unterscheiden wir uns von anderen physischen Lebens- und Bewußtseinsformen. Das den Menschen bestimmende und von anderen Lebensformen abgrenzende Mineral in unseren Körperzellen hat also die Form einer Pyramide.

Bei bestimmten Insektenarten ist das maßgebende Element in den Körperzellen z.B. nicht Kohlenstoff, sondern Magnesium, das keine vierseitige Pyramide als Mineralgitter formt, sondern eine dreiseitige Pyramide.

Alles physisch Materielle, also auch unser menschlich physischer Körper, wird ständig von Ätherenergie durchwirkt und dadurch am Leben erhalten. Auf der anderen Seite besteht jeder biochemische Organismus aus genau den Elementen und Mineralgittern, die wiederum die für diesen Organismus notwendigen Ätherfrequenzen aus der sie durchwirkenden Ätherenergie heraustransformieren und seinem Ätherkörper zur Verfügung stellen. Alles schwingt in Resonanz miteinander und unterstützt sich somit gegenseitig. Der Mensch und alles im Universum existiert also, wie schon in den vorherigen Kapiteln beschrieben, durch Resonanz. Pyramiden entsprechen exakt den harmonischsten Grundfrequenzen des Menschen.

Hier einige Beispiele, die illustrieren sollen, wie das Ätherenergiefeld einer Pyramide aussieht und was mit dieser im Ätherfrequenzbereich geschieht. Teil des eigenen Wirklichkeitsverständnisses kann dieses Geschehen nur für einen Menschen werden, der dies auch wahrnimmt und erfährt. Die durch Pyramiden transformierte Energie kann zumindest eine Unterstützung sein, um zu dieser Form von bewußter Erfahrung und Wahrnehmung zu gelangen, da die entsprechenden Chakren unterstützt werden, die zu dieser Wahrnehmung fähig sind.

Eine Pyramide transformiert also Ätherenergie, bindet diese und sendet sie aus. Das Geschehen um das Ätherenergiefeld einer Pyramide ist multidimensional, da die stattfindenden Abläufe sehr schnell, teilweise mit Überlichtgeschwindigkeit, also für unser Bewußtsein parallel zueinander, vor sich gehen. Im folgenden werden wir versuchen, diese Abläufe soweit wie möglich zu beschreiben.

Die Pyramide zieht an ihrer Spitze Ätherenergie an. Sobald die Energie die Spitze erreicht, wird diese gebrochen oder heruntertransformiert in die schon beschriebenen sieben Frequenzbereiche.

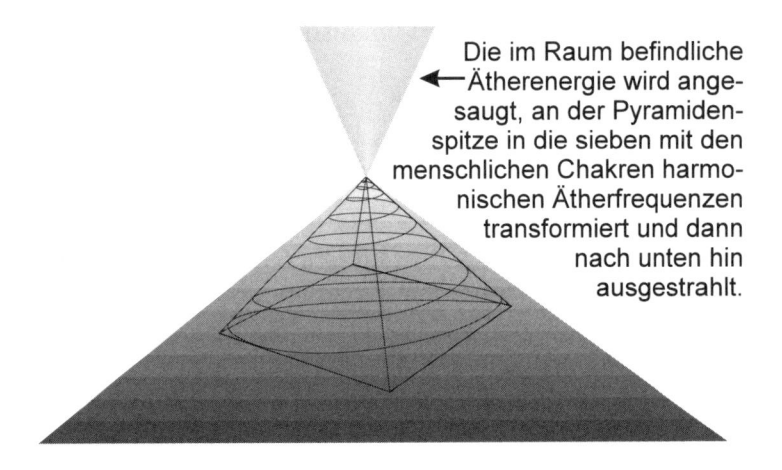

Die im Raum befindliche Ätherenergie wird angesaugt, an der Pyramidenspitze in die sieben mit den menschlichen Chakren harmonischen Ätherfrequenzen transformiert und dann nach unten hin ausgestrahlt.

Ätherenergie strömt aber auch seitlich durch die Pyramide hindurch und wird ständig transformiert. Dieses seitliche Durchströmen mit Ätherenergie findet ständig statt, weil die Ätherenergie, die die Erde umgibt, etwas langsamer rotiert, als die Erde selbst, auf der sich die Pyramide befindet.

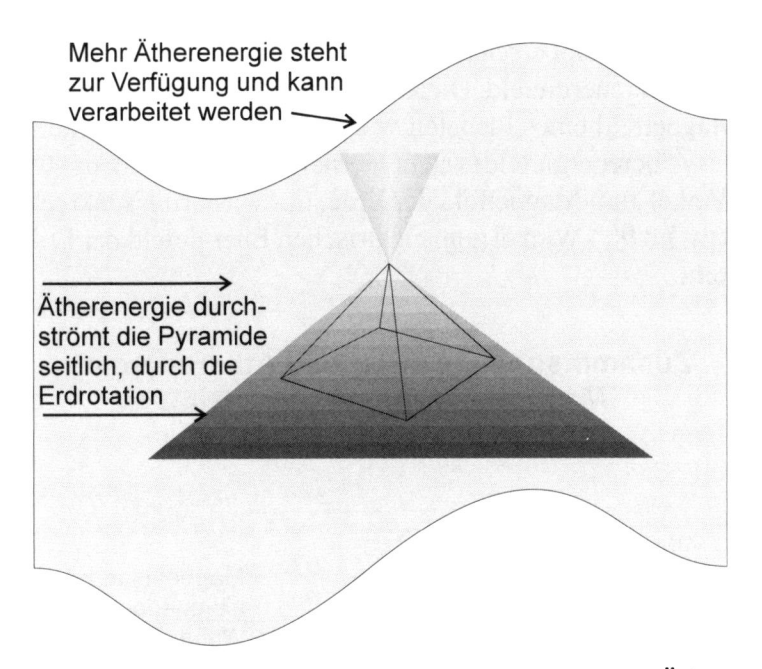

Mehr Ätherenergie steht zur Verfügung und kann verarbeitet werden →

Ätherenergie durchströmt die Pyramide seitlich, durch die Erdrotation →

Die von der Pyramide transformierte und gebundene Ätherenergie wird natürlich auch von den physischen Bestand- und Bauteilen der Pyramide aufgenommen. Dadurch wird im Laufe der Zeit die Ätherfrequenz dieser Atome angehoben, ebenso wie ihre Magnetfeld-, ihre elektrische-, und ihre biochemische Schwingungsrate. Die höherschwingenden Atome und deren Bestandteile können ihrerseits mehr Ätherenergie binden, was die Gesamtleistungsfähigkeit der Pyramide, Ätherenergie zu halten, wiederum langsam erhöht. Es entsteht ein Effekt, der immer mehr Ätherenergie transformiert, bindet und somit zur Nutzung zur Verfügung stellt, bis das maximale Potential erreicht ist.

Jeder äußere Faktor, der diesen Prozeß unterstützt, ist für die Gesamtwirkung nützlich. Da jeder Planet aus Atomen besteht, die wiederum ständig von Ätherenergie durchwirkt bzw. überhaupt erschaffen und erhalten werden, hat er auch ein Ätherenergiefeld. Dieses Durchwirktwerden kreiert das Magnetfeld eines Planeten wie der Erde. Die Ausrichtung des Ätherenergiefeldes steht hierbei senkrecht, also im 90°-Winkel zum Magnetfeld der Erde, das wiederum senkrecht bzw. im 90°-Winkel zum elektrischen Energiefeld der Erde steht.

Zusammenhänge zwischen Ätherenergie, Magnetfeldern und Elektrizität

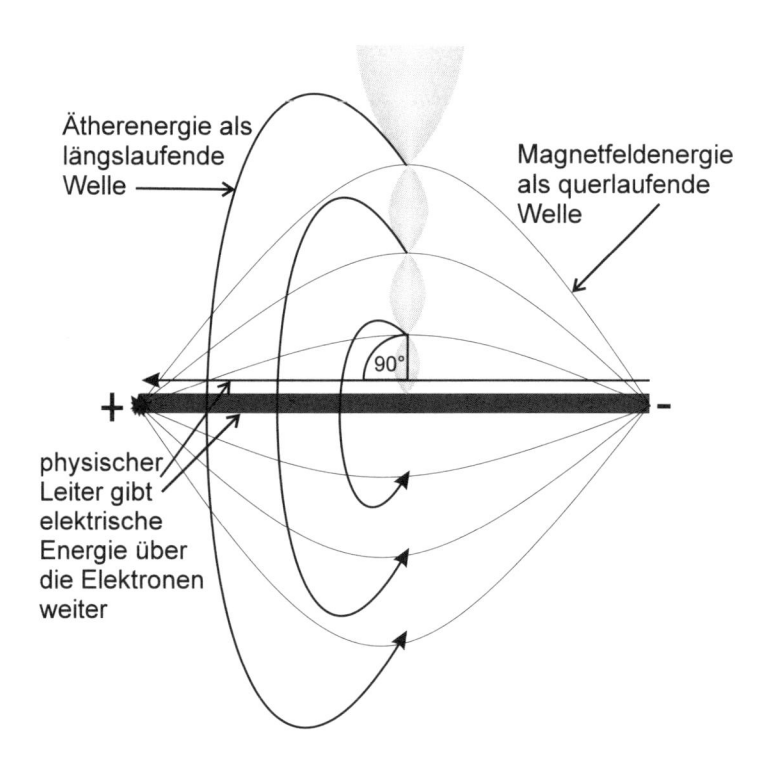

Ätherenergie als längslaufende Welle

Magnetfeldenergie als querlaufende Welle

physischer Leiter gibt elektrische Energie über die Elektronen weiter

und der Mensch

Je genauer die Kantenflächen der Pyramide zu der Lage dieser Energiefelder ausgerichtet sind, desto leichter und mehr wird sie durch diese Energiefelder stimuliert, sowohl im Äther- als auch dadurch im Magnetfeld- und im elektrischen Bereich. Von den genannten Energiefeldern der Erde läßt sich der Bereich der Magnetfeldenergie in seiner Ausrichtung am leichtesten durch einen Kompaß messen. Da all die genannten Energiefelder senkrecht aufeinander stehen und jede Pyramide eine exakt gleichförmige quadratische Basis hat, ist sie bei einer Ausrichtung auf das Magnetfeld der Erde auch automatisch zum elektrischen und am wichtigsten zum Ätherenergiefeld der Erde ausgerichtet. Jede Pyramide kann somit auf der Erde optimal genutzt werden, wenn sie mit einer Basiskante zum magnetischen Norden ausgerichtet ist.

Wenn zwei der unteren Seitenkanten einer Pyramide zum Nord-Süd-Magnetfeld ausgerichtet sind, dann stehen automatisch die beiden anderen unteren Kanten der Pyramide parallel zum Ätherfeld der Erde.

Durch diese Ausrichtung wird die Pyramide optimal, sowohl durch das Ätherenergiefeld, als auch durch das Magnetfeld der Erde aktiviert.

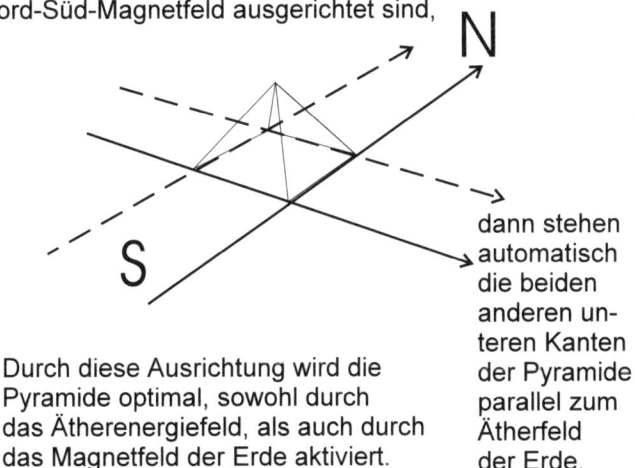

Pyramiden und die Bedeutung ihrer "mystischen" Zahlen

Die von der Natur bzw. von der Ur-Ätherenergie geschaffenen Pyramiden sind also in den vorher beschriebenen Winkeln für den Menschen als Ganzes eine ideale, vollkommen harmonische Stimulierung all seiner Ätherenergiezentren, der Chakren. Dies drückt sich wiederum sehr anschaulich in den Winkelwerten der Pyramiden, u.a. durch die Zahl pi = 3,141..., aus. Dieser Zahlenwert pi ist sowohl vorhanden, wenn man den Umfang der beschriebenen Pyramiden durch die doppelte Pyramidenhöhe teilt, als auch in der Berechnung des Winkels zwischen der Basisfläche und der Mitte einer beliebigen Seite (zur Erinnerung dieser Winkel ist Arc tan 4/pi = 51° 51´14,3").

Die Zahl pi ist endlos und kann somit nicht wirklich physisch exakt ermittelt werden. Sie stammt aus der Berechnung eines Kreises, den man durch zwei sich immer mehr annähernde Quadrate genau zu definieren sucht. Das Ergebnis dieses Versuches führt zu der endlosen Zahl pi. Das bedeutet, daß ein Kreis, im Gegensatz zu den zur Berechnung herangezogenen Quadraten, letztlich nicht genau definiert werden kann. Ein Kreis ist immer "offen", beziehungsweise eher eine "Spirale" im energetischen Sinne. Auch die Kreisform spiegelt sich im Energiefeld einer Pyramide wider, aber natürlich als Spirale. Die sieben von der Pyramide transformierten Ätherenergieniveaus bilden innerhalb der Pyramide Schwerpunktbereiche.

Spiralenförmiger Verlauf der Energie in einer Pyramide

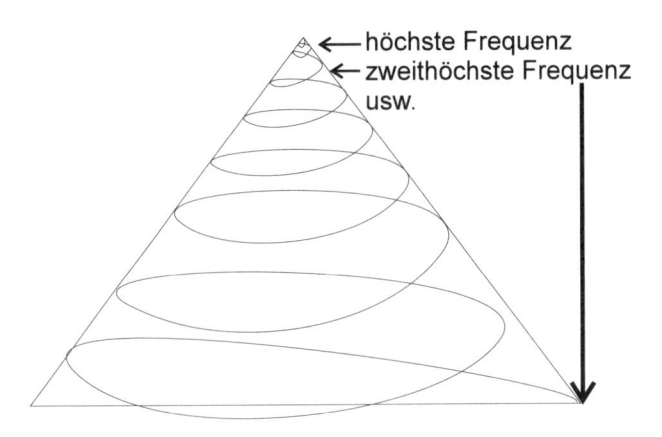

← höchste Frequenz
← zweithöchste Frequenz
usw.

Die Exaktheit, die perfekte Harmonie und die Kreis- bzw. Spiralform dieses Energieverlaufes spiegelt sich in der physischen Berechnung der Pyramide, durch das Vorhandensein der Zahl pi in der Winkelberechnung wider.

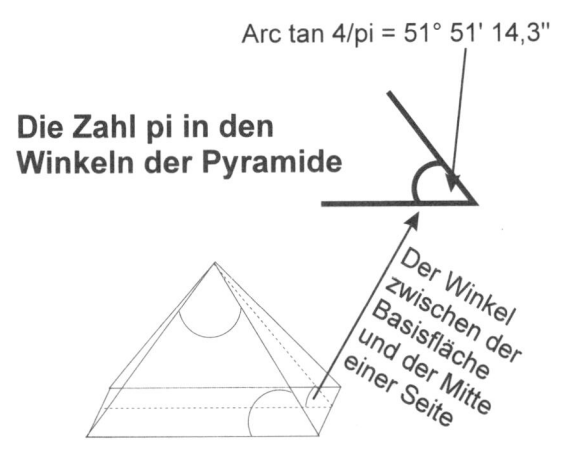

Arc tan 4/pi = 51° 51' 14,3"

Die Zahl pi in den Winkeln der Pyramide

Der Winkel zwischen der Basisfläche und der Mitte einer Seite

Pyramiden

Eine weitere mystische Zahl, nämlich phi = 1,61... erscheint in unserer Pyramidenwinkelberechnung. Auch diese Zahl ist wie pi ihrer physischen Natur nach endlos (zur Erinnerung, der Winkel zwischen der Basiskante und einer beliebigen Eckante ist Arc tan phi = 58° 16′ 57″). Die mathematische Formel zur Errechnung von phi lautet: Wurzel aus 5, geteilt durch 2, plus 0,5.

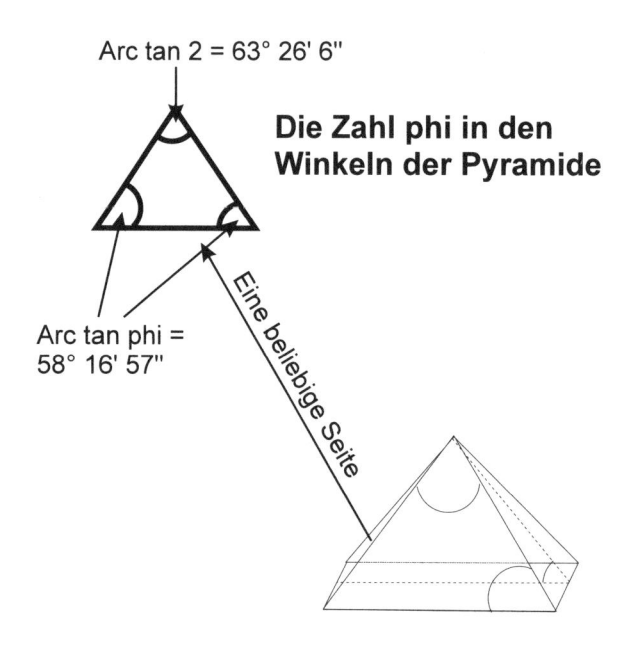

Die Zahl phi in den Winkeln der Pyramide

Arc tan 2 = 63° 26′ 6″

Arc tan phi = 58° 16′ 57″

Eine beliebige Seite

Die obige mathematische Formel wurde durch den Naturforscher und Mathematiker Fibonacci schon vor einigen Jahrhunderten entdeckt. Im Laufe seiner Naturbeobachtungen war er mehr durch Zufall darauf gestoßen, daß die Blütenblätter bei Blumen in den einzelnen kreisförmigen Blütenebenen immer in bestimmten Zahlenverhältnissen zueinander standen. Dieses Zahlenverhältnis ließ sich erstaunlicherweise durch die schon genannte Formel für phi = 0,5 plus Wurzel aus 5, geteilt durch 2 berechnen. Fibonacci stellte also fest, daß es eine Konstante in der Natur gibt, nach der nicht nur alle Blütenanordnungen in der Natur aufgebaut sind, sondern auch alle anderen physischen Lebensformen auf unserem Planeten Erde. Dies gilt sowohl für mikroskopisch kleine Bestandteile, z.B. des Menschen, als auch für den ganzen Menschen an sich.

Das Wissen um diese Proportionsverhältnisse wurde durch Fibonacci der mathematischen Wissenschaft zugänglich gemacht. Aber auch in der Kunst unserer Vergangenheit wurde das natürliche Proportionsverhältnis von phi eingesetzt. Das beste Beispiel dafür ist der "Goldene Schnitt" von Leonardo da Vinci, bei dem die vollkommenen Proportionsverhältnisse von phi bei einem Menschen dargestellt werden. Die Proportionsverhältnisse des "Goldenen Schnittes" wurden in der damaligen Kunst u.a. für die Festlegung des Fluchtpunktes eines Bildes verwendet (siehe das Bild auf der folgenden Seite).

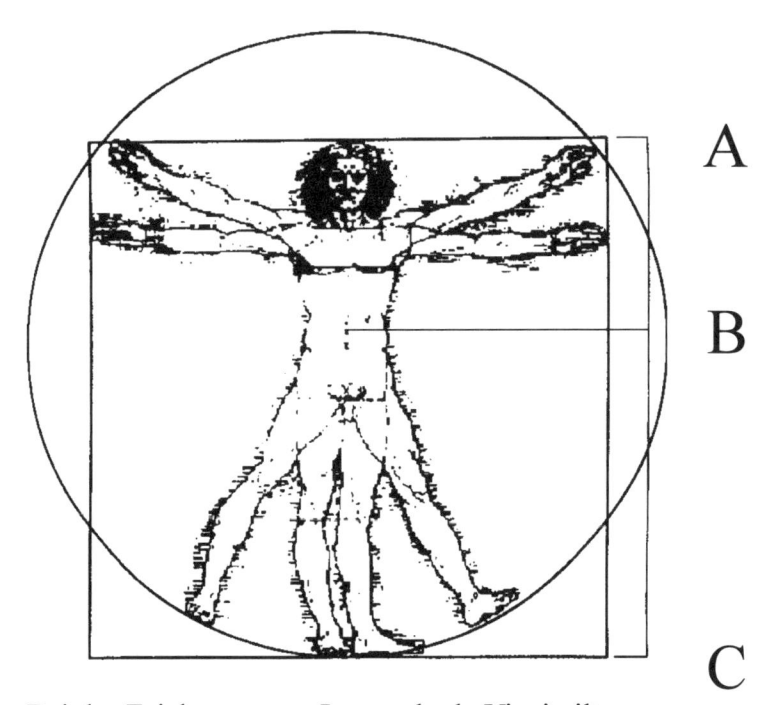

Bei der Zeichnung von Leonardo da Vinci gilt:

Länge AC zu oder auch geteilt durch Länge BC = phi und

Länge BC zu oder auch geteilt durch Länge AB = phi.

Hier noch ein Beispiel für eine Zahlenkette aus natürlichen ganzen Zahlen, basierend auf den Proportionsverhältnissen von phi.

Beginnt man eine Zahlenkette mit den Zahlen 1 und 2 und bildet die darauffolgenden Zahlen durch die Addition der jeweils beiden letzten Zahlen aus dieser Kette, so ergibt sich die Zahlenkette:
1, 2, 3, 5, 8, 13, 21, 34, 55, 89, 144, 233, 377, 610, 987 usw.

Teilt man jetzt eine beliebige Zahl aus dieser Zahlenreihe durch die nächstniedrigere Zahl, sieht das Ganze folgendermaßen aus:

Rechen-ansatz	Ergebnis	Abweichung von phi in %
2:1	2	23,61
3:2	1,5	7,29
5:3	1,666667	3,01
8:5	1,6	1,11
13:8	1,625	0,43
21:13	1,615385	0,16374
34:21	1,619048	0,06265
55:34	1,617647	0,02391
89:55	1,618182	0,00914
144:89	1,617978	0,00349
233:144	1,618056	0,00133
377:233	1,618026	0,00051

Wir nähern uns hier immer mehr der Zahl phi.

Das Proportionsverhältnis von phi steht in natürlichen Lebensformen für die energetische Harmonie und Ausgewogenheit der einzelnen physischen Bestandteile. Genauso steht die Anwesenheit von phi in der physischen Berech-

Pyramiden

nung einer Pyramide für die harmonische Verteilung der physischen Energie in dieser. Bei Betrachtungen der spiralförmigen Verteilung der sieben Energieniveaus in der Pyramide, ergibt sich folgende Energieverteilung:

Die sieben Energiebereiche einer Pyramide

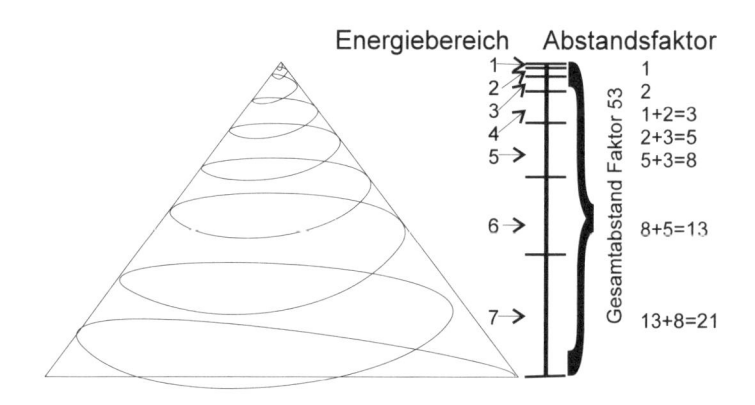

Energiebereich	Abstandsfaktor
1	1
2	2
3	1+2=3
4	2+3=5
5	5+3=8
6	8+5=13
7	13+8=21

(Gesamtabstand Faktor 53)

Um also die Verteilung der sieben Energieniveaus in einer beliebig großen Pyramide mit unseren Winkeln zu berechnen, gilt:

Die Gesamthöhe der Pyramide entspricht dem Faktor 53 (nämlich die Addition der Faktoren der einzelnen Energieniveaus = 1+2+3+5+8+13+21 =53). Jedes Energieniveau entspricht also x/53tel in einer von dem oder den vorherigen Energieniveau/s abhängigen Entfernung von der Pyramidenspitze bzw. der Pyramidenbasisfläche, je nachdem wie man lieber rechnen möchte (siehe Bild oben).

Ganz besonders soll hier an dieser Stelle aber noch einmal darauf hingewiesen werden, daß es sich bei den anhand von pi und phi beschriebenen Energieverteilungen in der

Pyramide um Ätherenergie handelt, die sich sehr schnell bewegt. Die Energieverteilungen in der Pyramide sind aber keine starren Vorgänge. In einem Energieniveau ist nicht nur jeweils eine Frequenz vorhanden. Im Ätherenergiefeld einer Pyramide bewegen sich gegenseitig durchdringende, ständig in Bewegung befindliche Ätherenergien, die an bestimmten Bereichen Schwerpunkte bilden.

Energieverteilung in einer Pyramide

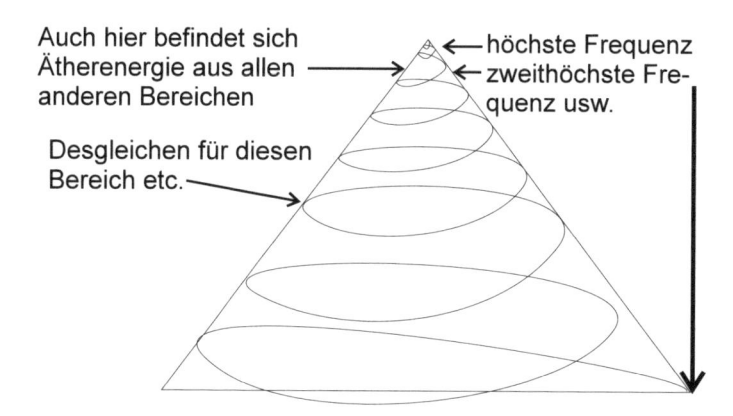

Auch hier befindet sich Ätherenergie aus allen anderen Bereichen ⟶ ← höchste Frequenz
← zweithöchste Frequenz usw.

Desgleichen für diesen Bereich etc. ⟶

Alle sieben Frequenzen liegen also überall in der Pyramide vor, und gleichzeitig gibt es bestimmte, hier beschriebene Schwerpunktgebiete, in denen eine der sieben Unterfrequenzen in überwiegender Form vorhanden ist. Wie schon angesprochen ist das Ätherenergiegeschehen in und um eine Pyramide herum sehr multidimensional. Dies zu verstehen und wahrzunehmen erfordert von jedem Menschen die Entwicklung der Fähigkeit zu multidimensionalem Denken.

Das Energiefeld der Pyramide

In den vorhergehenden Kapiteln wurden bereits mehrere Komponenten, die das Energiefeld einer Pyramide ausmachen, angesprochen. An dieser Stelle soll nun, soweit es möglich ist, beschrieben werden, wie das gesamte Energiefeld einer Pyramide im Ätherbereich "aussieht".

Die Pyramide zieht an ihrer Spitze die überall im Raum vorhandene Ätherenergie an. Sobald diese die Spitze der Pyramide erreicht hat, wird sie in sieben Unterfrequenzen aufgeteilt, die schwerpunktmäßig in sieben verschiedenen Energieniveaus vorliegen, auch wenn gleichzeitig alle sieben Frequenzen in jedem Bereich der Pyramide vorhanden sind. Hier noch einmal die dazugehörige Illustration:

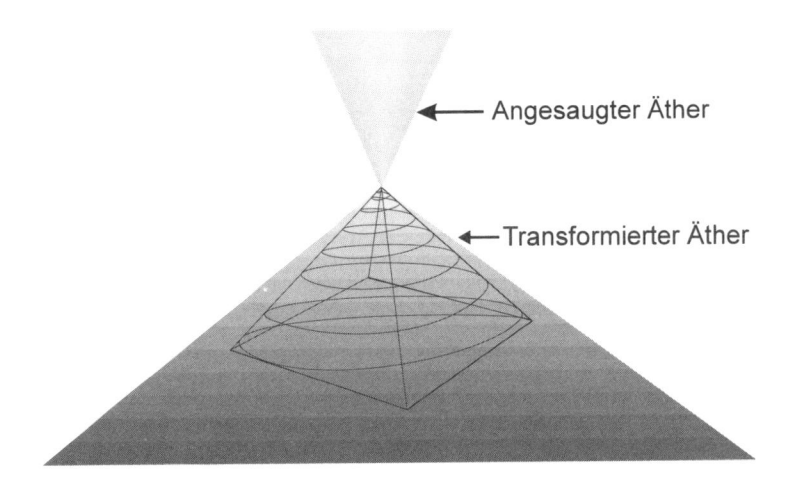

Das Energiefeld

Die transformierte Ätherenergie strahlt durch ihre Bewegungsenergie natürlich noch weiter unterhalb der Pyramide aus und wird dann zum Teil wieder vom Sog der an der Pyramidenspitze angesaugten Ätherenergie erfaßt. Je mehr im weiteren Verlauf dieses Kapitels beschrieben wird, was mit einer Pyramide im Ätherbereich geschieht, umso schwieriger wird es, dies noch graphisch auf einem zweidimensionalen Blatt Papier darzustellen.

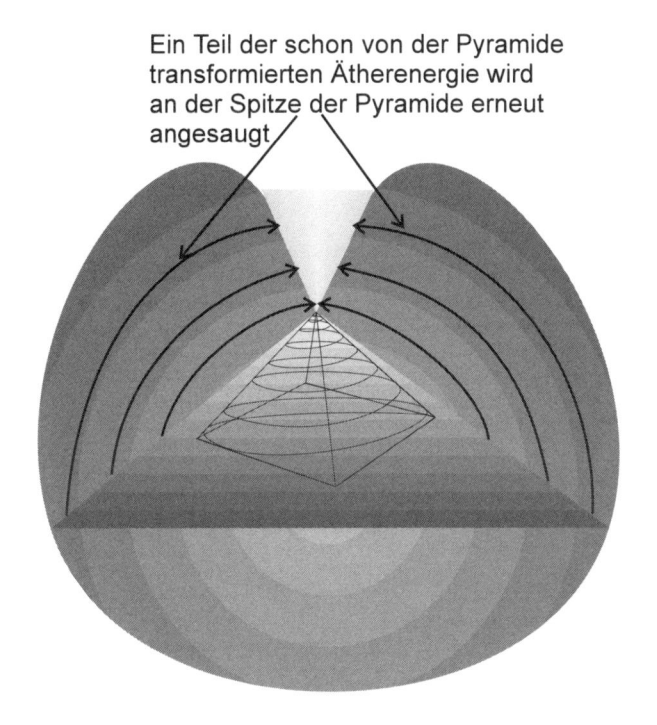

Ein Teil der schon von der Pyramide transformierten Ätherenergie wird an der Spitze der Pyramide erneut angesaugt

Das gesamte ätherische Energiefeld einer Pyramide ist ein ganzes Stück größer als die Pyramide selbst und hat eher eine runde als eine pyramidale Form.

Dieses Ätherenergiefeld ist ungefähr 3 - 4 mal größer, als die jeweils physische Pyramide selbst, vom Schwerpunkt der Pyramide aus in alle Richtungen gesehen.

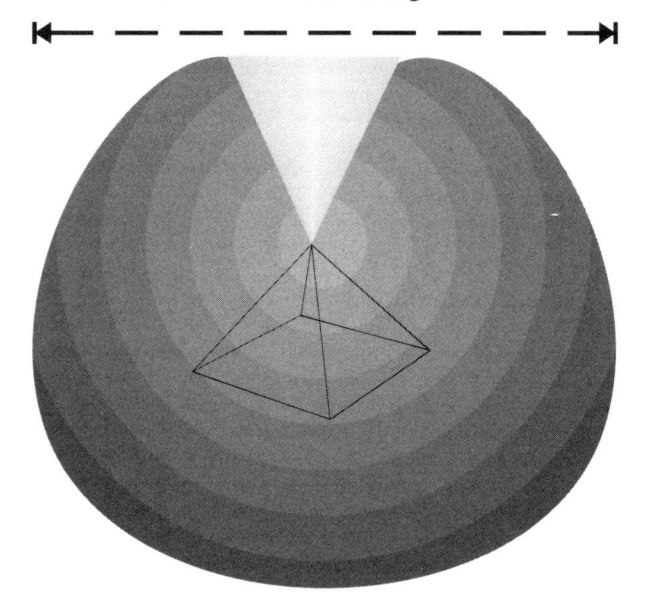

Das effektive Energiefeld der Pyramide ist ca. 3 - 4 mal größer als die Pyramide selbst und eher kreisförmig

Zusätzlich wird die Pyramide ständig mit Ätherenergie versorgt, die von der Seite her in sie einströmt, was durch die Erdrotation verursacht wird.

Zustrom von Ätherenergie durch die Seite

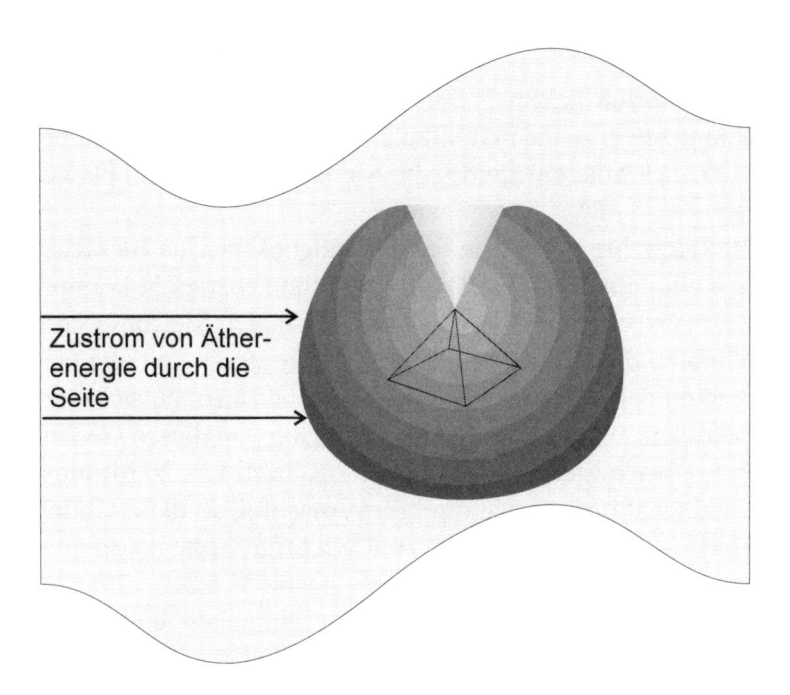

All diese Faktoren zusammengenommen machen das ätherische Energiefeld einer Pyramide aus. Hinzu kommt, daß im Laufe der Zeit, wie schon beschrieben, die Atome des Baumaterials in ihrer Ätherfrequenz angehoben werden. Das heißt, daß die Atome der Pyramide mehr Ätherenergie binden, die zum Teil wiederum dem gesamten Ätherenergiefeld der Pyramide zur Verfügung steht, das dadurch an Kraft und Größe zunimmt. Jede Pyramide nimmt also im Laufe der Zeit, in der sie an einem Platz aufgebaut ist, an Wirkung zu, bis ihr höchstes Wirkungspotential erreicht ist.

Für alle von Ihnen, die die Fähigkeit zur Wahrnehmung des "Unsichtbaren" bereits trainiert haben oder auch für all diejenigen, die dies jetzt einmal gerne ausprobieren möchten, hier eine Übung zur Unterstützung der Fähigkeit des "erweiterten Sehens". Sie brauchen dafür einen ruhigen Raum, einen bequemen Sitzplatz und für den Anfang am besten auch eine Pyramide, die Sie sichtbar vor sich plazieren.

Setzen Sie sich entspannt hin, möglichst so, daß der Rükken einigermaßen gerade ist. Sie sollten aber nicht krampfhaft versuchen gerade zu sitzen. Schließen Sie für circa 5 Minuten die Augen, und lassen Sie in dieser Zeit alle Gedanken des Tages, die Sie noch beschäftigen, an sich vorbeiziehen. Verabschieden Sie sich dann von diesen Gedanken. (Bitten Sie diese, Sie in den nächsten 15 - 20 Minuten nicht zu stören, da Sie direkt im Anschluß an diese Übung Gedanken wieder denken und wichtige Entscheidungen treffen können.) Wenn Sie nach ein paar Minuten, ohne dabei auf die Uhr zu schauen, das Gefühl haben, einigermaßen entspannt zu sein, öffnen Sie die Augen ganz langsam, in ihrem eigenen Tempo. Lassen Sie Ihren Blick nun ganz sanft auf der vor Ihnen stehenden Pyramide ruhen. Starren Sie hierbei die Pyramide nicht an, sondern halten Sie diese einfach in Ihrem Blickfeld, wobei Sie auch die anderen Gegenstände im Raum wahrnehmen. Stimmen Sie sich nun auf die Pyramide und ihr Energiefeld ein. Bitten Sie darum, mit deren Energiefeld Kontakt zu bekommen, und öffnen Sie sich innerlich für eine erweiterte Wahrnehmung. Wenn Sie nach circa 10 - 15 Minuten das Gefühl haben, diesen Teil der Übung zu beenden, dann schließen Sie Ihre Augen langsam und ruhen Sie sich noch für ein paar Minuten aus. Bedanken Sie sich anschließend bei Ihren höheren Fähigkeiten und für das, was für Sie in der Übung geschehen ist, auch wenn bei den ersten Versuchen vielleicht noch nichts für Ihre Wahrnehmung greifbar wurde.

Wenn Sie wollen, schreiben Sie direkt im Anschluß an die Übung Ihre Erlebnisse auf. So schaffen Sie sich ein Protokoll all Ihrer Erfahrungen und Erlebnisse mit diesem Experiment.

Für jeden einzelnen wird die Übung natürlich ganz unterschiedliche Erfolge erzielen, was von vielen Voraussetzungen im Bewußtsein des jeweiligen Experimentators abhängt. Um in jedem Fall Ergebnisse zu erreichen, sollte diese Übung zumindest 21 Tage lang jeden Tag einmal praktiziert werden. Am besten immer zu ungefähr der gleichen Uhrzeit und am gleichen Ort, damit sich der eigene Energieorganismus auf dieses Geschehen leichter einstellen kann.

Was beim Bau einer Pyramide zu beachten ist!

Prinzipiell kann eine Pyramide aus fast jedem Material, das sich für diesen Zweck verarbeiten läßt, hergestellt werden. Natürlich sollten keine Materialien verwendet werden, die für den menschlichen Organismus schädlich sind oder die dieser nicht verarbeiten kann. Bei Pyramiden, mit denen der Mensch direkten Kontakt hat, sollte z.B. kein Aluminium oder Plastik verwendet werden.

Die Natur baut ihre Pyramiden im Mineralbereich im Grunde nur aus den fünf Eckpunkten, den Protonen und Neutronen auf, die rein elektrisch durch die Wirkung der Elektronen zusammengehalten werden.

Eck-Pyramiden-Modell

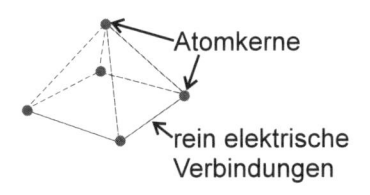

Atomkerne

rein elektrische Verbindungen

Diese Art der Bauweise läßt sich für uns physisch nur schwer bewerkstelligen. Deshalb bieten sich im Grunde zwei baubare Möglichkeiten für die Realisierung einer Pyramide an. Die erste Möglichkeit, sozusagen die nächst einfachere nach dem obigen "Atommodell", ergibt sich, wenn man die jeweiligen Eckpunkte der Pyramide miteinander verbindet.

Das Bauen

Kanten-Pyramiden-Modell

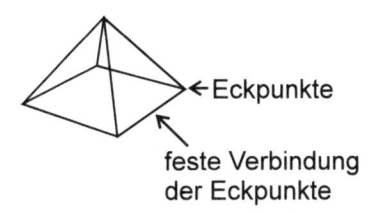

← Eckpunkte

feste Verbindung
der Eckpunkte

Unsere erste Baumöglichkeit besteht also aus den Basisbegrenzungen und den Kanten der Pyramide.

Die zweite Bauform geht einen Schritt weiter und verbindet auch noch die Kanten miteinander, so daß geschlossene Flächen entstehen.

Flächen-Pyramiden-Modell

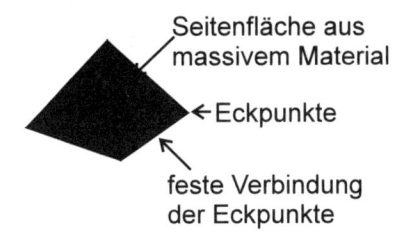

Seitenfläche aus
massivem Material

← Eckpunkte

feste Verbindung
der Eckpunkte

In der Wirkung unterscheiden sich beide Bauarten nur geringfügig voneinander, in dem Sinne, daß das Energiefeld einer offenen Pyramide etwas größer, das einer geschlossenen Pyramide innerhalb dieser komprimierter ist. Egal für welche der beiden Möglichkeiten Sie sich entscheiden, falls Sie sich eine kleine Pyramide bauen wollen, hier noch einmal eine Rechenhilfe: Wenn Sie eine Pyramide mit einer Grundfläche von 30 cm x 30 cm bauen wollen, dann müssen nach den vorher angegebenen Winkeln ihre Seiten-

Pyramiden

kanten von den Ecken der Pyramide bis zur Spitze ca. 28,5 cm lang sein.

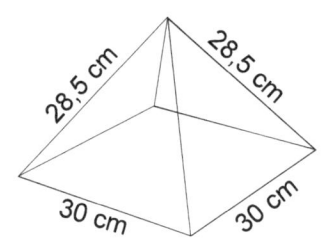

(Abbildung einer Pyramide mit Seitenkanten 28,5 cm und Grundkanten 30 cm)

Wir haben den genauen Wert für die Seitenkante hier auf die erste Nachkommastelle gerundet, da ein sehr viel exakteres Bauen wohl kaum möglich sein dürfte. Der genaue Wert für die Seitenhöhe ist aufgrund unserer vorgegebenen Winkel ein dezimal endloser, nämlich 28,5439356276... Hieran wird vielleicht noch einmal deutlich, daß wir niemals mit unseren begrenzten Mitteln eine Pyramide mit den für den Menschen idealen Maßen bauen könnten. Dazu mehr im weiteren Verlauf dieses Buches. Machen Sie sich beim Selberbauen aber nicht allzu großes Kopfzerbrechen, denn die Pyramiden haben selbst bei einer Winkelspanne zwischen 20° und 70° immer noch eine ausreichend interessante Wirkung für Ihre ersten Versuche oder für die im vorherigen Kapitel beschriebene Übung.

Wenn Sie den Drang verspüren, beginnen Sie also ruhig mit dem Bau einer Pyramide aus Pappe, Holz, Metall oder anderen Ihnen zusagenden Materialien.

Das Bauen

Geeignete Materialien zum Bau einer Pyramide

In vorherigen Kapiteln hatten wir besprochen, daß die Atome des Baumaterials einer Pyramide im Laufe der Zeit durch die von der Pyramide gebundene Ätherenergie, in ihrer eigenen Ätherfrequenz angehoben werden und stärker schwingen. Im Idealfall sollte eine Pyramide deshalb aus einem Baustoff oder Baustoffen gefertigt werden, deren Atome möglichst viel Ätherenergie aufnehmen und binden können. Zu diesen Stoffen gehören z.B. Quarze, Marmor und Alabaster, aber vor allem Elemente aus der Gruppe der Metalle. Die Kapazität eines atomaren Elementes, Ätherenergie zu binden, ist gleichzusetzen mit seiner elektrischen Leitfähigkeit. Die Höhe der elektrischen Ladung eines Atoms ist also abhängig von der Menge an Ätherenergie, die dieses gebunden hat und die das Magnet- und das elektrische Feld des Atoms überhaupt erst erzeugt. Für den Bau einer Pyramide bieten sich Metalle mit hoher Leitfähigkeit an, wie Silber aber auch Kupfer, Gold etc. bis hin zu Stahl. Um eine möglichst große Menge an Ätherenergie zu erzeugen, sollte man eine Pyramide aus den oben genannten Materialien bauen.

Eine optimale Leitfähigkeit und Gesamtwirkung für eine Pyramide wird gewährleistet, wenn alle Bereiche aus den gleichen Materialien gefertigt sind. Bei einer Kombination von Baustoffen verschiedener oder sogar entgegengesetzter Leitfähigkeit, wie z.B. Metalle kombiniert mit Plastik, somit ein guter elektrischer Leiter und ein elektrischer Isolator, würde der gesamte Energiefluß innerhalb der Pyramide ständig durch das weniger leitfähige Baumaterial unterbrochen werden.

Der zweite, aber im Grunde noch sehr viel entscheidendere Aspekt beim Bau einer möglichst effektiven Pyramide, ist die Gewährleistung der korrekten Winkel. Wie im letzten Kapitel deutlich wurde, lassen sich selbst mit den hervorragendsten technischen Mitteln keine Pyramiden bauen, die exakt den notwendigen Winkelverhältnissen entsprechen, da die durch die Winkel entstehenden Werte endlose, physisch nicht realisierbare Zahlenketten sind.

Die Lösung dieses Problems liegt jedoch auf der Hand, wenn man sich an die in der Natur vorkommenden, vollkommen präzise ausgeformten Pyramiden erinnert. Die beiden in den ersten Kapiteln erwähnten Elemente waren der Diamant und das Gold (das vorzugsweise in einer hohen Reinheit, nämlich über 18 Karat oder 750iger Gold, Verwendung finden sollte).

Eine Pyramide kann somit das stärkste Energiefeld aufbauen, wenn sie aus elektrisch gut leitenden Stoffen gefertigt ist. Zur Gewährleistung der absolut besten und harmonischsten Frequenzen bedarf es zusätzlich eines Materials, das von der Natur mit den präzisesten Werten als Pyramide geformt wurde.

Die einfachste Konstruktion, die sich aus diesem Wissen ableitet, ist deshalb eine Pyramide aus Metalldraht, die mit einer äußeren Goldschicht versehen wird.

Einen weiteren Leistungsvorteil gewinnt man beim Bau von Pyramiden aus Metallen, wenn diese mit mehreren verschiedenen Metallen beschichtet werden. Die Gesamtleistungsfähigkeit der Pyramide wird weiterhin durch die Magnetfeldinduktion, das heißt, der Effekt des gegenseitigen

Sichaufladens der einzelnen Metallschichten, ohne selbst dabei Energie zu verlieren, erheblich erhöht.

Das, was also in unseren Stromleitungen zum Großteil negative Äther- und Magnetfeldfrequenzen erheblich verstärkt, nämlich die Metalleitungen, kann richtig angewandt und hier in Kombination mit dem pyramidal geformten Element Gold, ebenso für uns förderliche harmonische Frequenzen weiterleiten.

In den heutigen Technologien haben wir den auf uns Menschen, auf die Tiere, die Pflanzen und auf die Erde einwirkenden Frequenzen nur wenig oder fast keine Bedeutung beigemessen. Das war wiederum vollkommen in Harmonie mit unserem Bewußtsein, mit unserem täglichen Erfahren oder besser "Nicht-Erfahren" dieser Dimensionen. Für uns und unsere Wissenschafter war der Bereich (und ist dies ja auch zum Großteil heute noch) der Einwirkung von Energien jeglicher Art auf unseren lebendigen Organismus ein Buch mit sieben Siegeln. Metalle und ihre hohe Leitfähigkeit sind durchaus nichts Schädliches, nur sollte mehr darüber nachgedacht werden, welche Frequenzen sowohl im elektrischen- als auch im Magnetfeld- und Ätherbereich Verwendung in unserer Technik finden.

Das Bauen

Pyramiden und der Mensch in der heutigen Zeit

Ätherfeld, Chakren, Bewußtsein und Arbeit an sich selbst

Das wichtigste und grundsätzlichste Prinzip im Geschehen zwischen einer Pyramide und einem Menschen haben wir in den vorhergehenden Kapiteln erklärt. Eine Pyramide erzeugt ein Ätherenergiefeld, in dem die sieben Ätherfrequenzen vorliegen, die der Mensch über seine entsprechenden Ätherorgane, die Chakren, für deren harmonische Wirkungsweise braucht. Sobald ein Mensch, bzw. dessen Ätherkörper, mit dem Ätherenergiefeld einer Pyramide in Kontakt kommt, und hierfür braucht der Mensch noch nicht einmal direkt in oder unter der Pyramide zu sein (wenn Sie sich an die Ausdehnung des Ätherenergiefeldes einer Pyramide erinnern), nehmen die Chakren des Menschen die harmonische, sozusagen schon aufbereitete Ätherenergie aus der Pyramide auf.

Die Wirkung

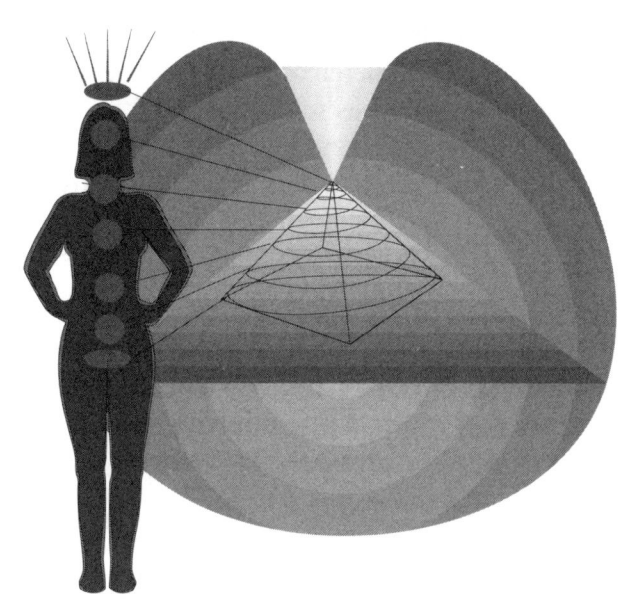

Ein Austausch an Ätherenergie findet statt

Der Ätherkörper des Menschen, der sich etwas weiter als der physische Körper ausdehnt, nimmt diese Energie auf. Die Chakren und der Ätherkörper des Menschen bekommen also ein Mehr an harmonischer, resonanter Energie zur Verfügung gestellt. Dies löst im Laufe der Zeit verschiedenste Prozesse in den physischen Körperzellen aus, da hierdurch das Ätherpotential aller, den physischen Körper bildenden Atome, angehoben wird. Damit wird aber auch kurz-, mittel- und langfristig die Magnetfeld - und die elektrische Frequenz jedes einzelnen Atoms, somit von ganzen Organen und schließlich vom gesamten physischen Körperorganismus, erhöht.

Jeder Mensch hat sich für ein ganz bestimmtes Energiepotential und damit einer ganz bestimmten Art zu denken, zu fühlen und zu sein, entschieden. Das kann z.B. bedeuten, daß die Chakren nur eine dementsprechende Menge und Qualität an Energie prozessieren oder daß eines der Chakren mehr Energie aufnimmt als es sollte, zum Nachteil anderer Chakren. Viele Variationen sind möglich.

Stellt man einem Energiesystem wie den Chakren, zusätzliche Energie zur Verfügung, dann fließt diese automatisch und in größtem Maße an die Stelle, an der bis dahin am wenigsten Energie vorhanden war.

Die Verbindung der Chakren und der Einfluß von mehr Ätherenergie auf das bis dahin schwächste Chakra

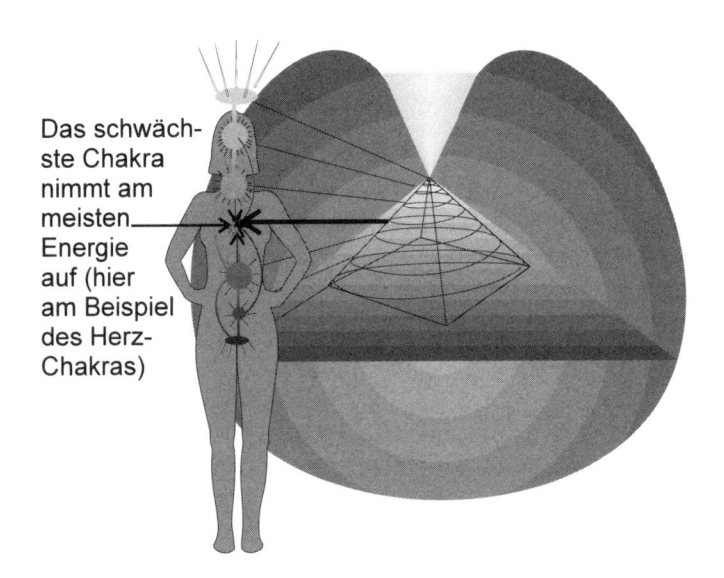

Das schwächste Chakra nimmt am meisten Energie auf (hier am Beispiel des Herz-Chakras)

Die Wirkung

Nehmen wir als Beispiel einen Menschen, der sein Herz-Chakra im Laufe seines Lebens immer mehr verschlossen hat. Viele verschiedene Erfahrungen haben diesen Menschen "gelehrt", daß es gefährlich ist, mit offenem Herzen durchs Leben zu gehen. Das Herz-Chakra ist ein Energiezentrum, das nicht unbedingt dazu beiträgt, Erfolg oder Karriere im Leben zu kreieren. Es repräsentiert eher einen sensiblen Bereich des Menschen. Qualitäten wie Offenheit, Rezeptivität und Liebe werden durch dieses Zentrum ausgedrückt. Es ist ein Bereich des Lebens, der von anderen Menschen leicht ausgenutzt werden kann und doch unentbehrlich ist für ein glückliches Leben.

Was auch immer das Schließen des Herzens bewirkt haben mag, es bedeutet in jedem Fall, daß das Herz-Chakra eines solchen Menschen nicht voll oder sogar nur noch sehr schwach arbeitet, daß nur noch sehr wenig Ätherenergie umgewandelt und dem Menschen als Bewußtseinserfahrung zur Verfügung gestellt wird.

Kommt ein solcher Mensch in Kontakt mit Pyramiden, wird zuallererst und im besonderen Maße Ätherenergie zum Herz-Chakra fließen. Die erhöhte Energie wird im Herz-Chakrabereich auf die entsprechenden Blockaden und alten Muster treffen, die sozusagen die Kruste dieses Chakras bilden und den vollen Energiefluß bisher verhindert haben. Alte Gefühle und Gedanken werden hierdurch ins Bewußtsein gebracht, mit Energie belebt und wieder in Schwingung versetzt. Ein Prozeß der Befreiung von alten Verhärtungen, die bis zu diesem Zeitpunkt das Herz-Chakra blockiert hatten, wird ausgelöst. Nun ist es entscheidend, ob man diese Reinigung wünscht und unterstützt. Dieser Prozeß ist am Anfang sicher nicht einfach, da man zuerst einmal mit alten unangenehmen und bisher verdrängten Emotionen konfrontiert wird.

Wenn ein Mensch also eher zufällig und ohne die Bereitschaft und den Willen zur "Arbeit an sich selbst", mit Pyramiden in Kontakt tritt, kann er diesen Kontakt früher oder später als nicht mehr angenehm empfinden. Für unseren Menschen mit dem bisher verschlossenen Herzen wäre in diesem Fall ein längeres Zusammensein mit Pyramiden eher unangenehm und eine Belastung, da Dinge in sein Bewußtsein treten würden, die er sich nicht anschauen möchte, die er vielleicht schon seit vielen Jahren in sein sogenanntes "Unterbewußtes" verbannt hatte.

Man kann sagen, daß das längerfristige Benutzen von Pyramiden nur für diejenigen Menschen einen Sinn ergibt, die zu einer "inneren Arbeit" an sich selbst, zu einer Auflösung alter Begrenzungen und Blockaden bereit sind und die dies wirklich für ihr Leben wünschen. Dann können Pyramiden immens helfen und den Prozeß des Bewußtwerdens sehr unterstützen. Sie können ein Mehr an harmonischer Lebensenergie für Menschen zur Verfügung stellen.

Die Wirkung

Harmonie in Wohnräumen

In unserem Leben brauchen wir einen Wohn- und Lebensraum, eine Wohnung, ein Haus oder wie wir manchmal sagen, "ein Dach über dem Kopf". Je nachdem wie wir finanziell ausgestattet sind, richten wir uns diesen Wohnplatz mehr oder weniger aufwendig ein, auf jeden Fall geben wir im Laufe unseres Lebens eine Menge Geld für diesen Zweck aus. Etwas das meistens überhaupt nicht berücksichtigt wird, ist, ob uns unsere Wohnräume Energie geben oder eher entziehen. Oft sind es nur diejenigen Menschen, die schon einmal jahrelang auf einer Wasserader geschlafen haben, mit einer Erdverwerfung zu kämpfen hatten oder den direkten Wirkungen einer Satelliten-Empfänger-Antenne ausgesetzt waren, die bei der Wahl neuer Räumlichkeiten auf diesen Punkt achten. Das ist jedoch erst einmal nur ein Vermeiden von Energieverlust, noch längst nicht die Schaffung von Räumen, die dem Menschen Energie geben.

Wie können wir aber unsere Räume so gestalten, daß sie harmonische Energien enthalten und diese den Bewohnern zur Verfügung stellen?

Darüber, daß eine Pyramide Ätherenergie umwandelt, bindet etc., haben wir schon reichlich gesprochen, aber auch jede andere Form tut dies. Rechteckige bzw. quadratische Bauformen, mit ihren 90°-Winkeln, wie wir sie der Einfachheit halber fast immer und ausschließlich nutzen, sind, was ihre Ätherenergiebrechung angeht, die ungünstigste Möglichkeit. Besser zum Wohnen wären z.B. Räume mit unregelmäßigen Winkeln und Wandflächen, ähnlich wie dies im Aufbau eines Bergkristalls der Fall ist.

Harmonische Wohnformen

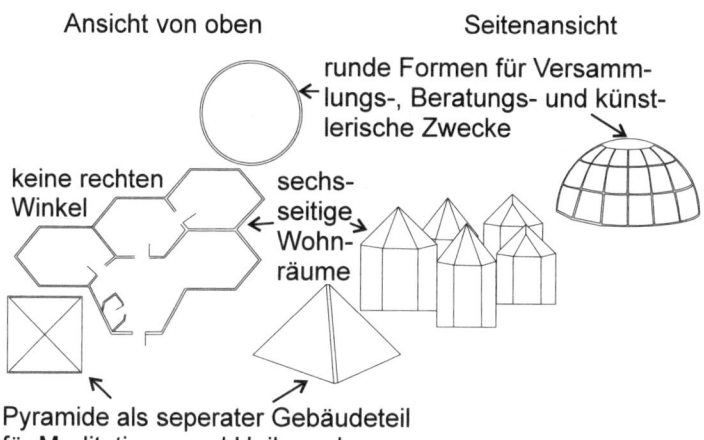

Ansicht von oben   Seitenansicht

runde Formen für Versammlungs-, Beratungs- und künstlerische Zwecke

keine rechten Winkel

sechsseitige Wohnräume

Pyramide als seperater Gebäudeteil für Meditations- und Heilzwecke

Pyramidengebäude sind für die meisten von uns im Moment nicht als Wohnräume zu empfehlen, da der Energieunterschied zu den bisherigen Wohnverhältnissen zu groß wäre. Eine Pyramide könnte als Teil des Hauses realisiert werden, bzw. als separater Gebäudeteil, und könnte für Meditationen, "innere Arbeit" und "Heilprozesse" genutzt werden. Als weitere Bauform bieten sich runde Elemente an, da diese einen sehr ausgeglichenen Ätherenergiegehalt in allen Bereichen haben.

Mit im Grunde nur geringen Bemühungen könnten wir uns also Räume schaffen, die uns nicht nur als "ein Dach über dem Kopf" dienen, egal wie teuer dieses Dach auch eingerichtet sein mag, sondern uns regenerieren und auftanken mit frischer Energie, so daß wir immer und in jedem Lebensalter, mit Freude und Vitalität leben können.

Strom, Funk und Frequenzen

In unserem heutigen Leben spielt der Faktor Strom eine wichtige Rolle, obwohl diese Technologie erst seit circa einhundert Jahren in größerem Rahmen eingesetzt wird. In all unseren Lebensbereichen sind wir mit dem Grundprinzip Elektrizität konfrontiert, unabhängig davon ob wir Auto fahren, Radio hören, fernsehen oder uns einen Toast zubereiten. Wir haben gelernt, mit dieser Technologie umzugehen, ohne deren Auswirkungen auf unser Leben insgesamt zu bedenken. Diese Technologie war nur zu verlockend für die Industrie, um hohe Gewinne zu erwirtschaften, und für jeden Einzelnen war es nur zu angenehm, daß endlich das Licht ins Haus gebracht wurde, daß wir uns mit bunten Bildern auf Monitoren von unserem Alltagsstreß ablenken konnten. Wir haben uns sehr an die vielen kleinen "Vorteile" des Stroms gewöhnt, aber auch daran, regelmäßig eine Stromrechnung zu zahlen, was es vor 150 Jahren nicht gab.

Daß dieser Strom, den wir heute fast immer noch so nutzen, wie ihn Nicola Tesla am Ende des letzten Jahrhunderts technologisch umsetzte und nutzbar machte, auch negative Nebenwirkungen haben könnte, das haben wir tunlichst nicht bedacht, anscheinend nicht denken wollen. Für jeden einzelnen Menschen hätte das bedeutet, daß er auch für diesen Teil seines Lebens Verantwortung akzeptiert und sich Gedanken über die Nutzung der Technologie "Strom" gemacht hätte. Diese Verantwortung haben wir als Einzelne und dadurch auch als Gemeinschaft an die Industrien, die diese Technologien weiterentwickeln und vermarkten, abgegeben. Daß die Industrie ihre Ingenieure nicht dafür bezahlt, ständig neue harmonischere Technologien zu erforschen und zu entwickeln, kann man ihr in gewissem Sinne nicht verdenken. Eine solche Forschung wäre auch nicht mit ihrem Hauptziel, der Gewinnoptimierung, vereinbar.

Nicola Tesla z.B. arbeitete schon 5 - 10 Jahre nach seiner Erfindung der ersten Wechselstromgeneratoren, die damals im 110 Volt Bereich arbeiteten, nicht mehr mit dieser Technologie, sondern mit einer eher hochfrequenten, den Menschen nicht schwächenden, sondern anregenden Form des Stromes, die bis heute noch nicht umgesetzt und gebaut wird (siehe Anhang Literaturverzeichnis).

Wir leben mit einer Art des Stroms, die relativ "antiquiert" ist. Bei der Herstellung elektrischer Geräte oder z.B. bei der Wahl von Funkfrequenzen wird im Grunde nicht auf deren Einwirkung auf den menschlichen Organismus geachtet, da man davon ausgehen will, daß ein negativer Effekt überhaupt nicht möglich ist.

In allen Lebensbereichen umgeben wir uns mit elektrischen Geräten, ohne deren Auswirkung auf uns zu berücksichtigen. Achtet man aber nicht auf die Wirkung dieser Geräte, ist es fast automatisch und unausweichlich so, daß deren Schwingung nicht in harmonischen förderlichen Bereichen liegt. Das Gegenteil könnte der Fall sein, wenn wir uns über die in diesem Buch beschriebenen Zusammenhänge bewußt werden und uns dann eine Technologie schaffen würden, die uns gleichzeitig stimuliert, uns Energie gibt und aufbaut, während sie andere praktische Dienste für uns erledigt. Selbst die Medizin weiß heute, daß jedes innere Organ eine ihm eigene elektrische Frequenz hat (meist im Bereich von 40 - 120 Hz), die sich z.B. bei Krankheit verändert. Es dürfte von daher auch nicht allzu schwer vorstellbar sein, daß die Einwirkung einer Frequenz, die mit einem Teil des Körperorganismus nicht übereinstimmt, diesen stört. Wenn ein Mensch z.B. über längere Zeit einer elektrischen Frequenz von 100,4 Hertz ausgesetzt ist und eines seiner Körperorgane mit exakt 100 Hertz im gesunden Bereich arbeitet, dann ist die Dauerbestrahlung mit 100,4 Hertz ein verzerrender und störender Einfluß auf das entsprechende Organ. Das Organ ist in diesem Fall einem disharmonischen Einfluß ausgesetzt, der auf Dauer eine große Belastung darstellt.

Noch einmal zur Erinnerung. Jedes Atom im Universum, auf der Erde und in unserem menschlichen Körper hat eine Magnetfeld- und elektrische Frequenz, die beide bestimmt werden von der Ätherenergie, die dieses Atom durchwirkt und von allen elektrischen-, Magnetfeld- und Äthereinflüssen seiner direkten Umgebung.

Wenn wir also eine Funkwelle von einer Radiostation aussenden, wird dieser elektrische Impuls über die Atome der Luft oder sogar des Wassers und der Erde weitergeleitet. Dabei wird die elektrische Frequenz all dieser Atome verändert. Genau das Gleiche geschieht auch in unserem Körper, wenn dieser von einer elektrischen Welle durchdrungen wird. Geht eine solche Welle in unseren Körper hinein und durch ihn hindurch, wird hierbei seine elektrische-, bzw. Magnetfeld- und Ätherfrequenz verändert. Da wir uns und natürlich auch die Industrie, die wir uns erschaffen haben, aber über solche Zusammenhänge keine Gedanken machen, sind fast alle elektrischen Impulse und Wellen, die wir kreieren, für unseren eigenen Organismus disharmonisch und schädlich.

Wie wichtig aber diese Zusammenhänge sind, dürfte z.B. allen Menschen, die längere Jahre den Extrembeispielen unserer heutigen Technologie ausgesetzt waren, wie etwa beim Wohnen unter Starkstromleitungen oder beim Arbeiten an starken Radaranlagen etc., klar sein oder zumindest langsam bewußt werden.

Bestimmte Frequenzen, sogenannte "extrem low frequencies" (extrem niedrige Frequenzen) oder auch "ELF", also Frequenzen, die unterhalb des noch Hörbaren, bei nur wenigen Hertz liegen, können innerhalb von Minuten Übelkeit, Erbrechen, Schwindelgefühl etc. beim Menschen auslösen. Die Funktion ganzer Organe bzw. des Gehirns kann praktisch sofort gestört werden.

Durch unsere Technologie haben Pyramiden eine vollkommen neue Aufgabe hinzubekommen. Sie können harmonische statt bisher disharmonische Energiebereiche in Wohn- und Arbeitsbereichen erschaffen. Sie führen jetzt also nicht mehr nur dem Menschen ein Mehr an Ätherenergie zu, sondern schützen diesen auch vor den negativen Nebenwirkungen seiner eigenen Technologie (hierauf wird in den späteren Kapiteln näher eingegangen).

Weitere Belastungen und Streßfaktoren im richtigen Licht gesehen

Leider ist der Streß, den wir uns selbst und allen anderen Bewohnern des Planeten Erde durch disharmonische elektrische Frequenzen zufügen, längst nicht die einzige Belastung, mit der sich jeder von uns abmühen muß.

Wir haben es geschafft, unsere Luft mit Abgasen zu verpeßten, und tun weiter unser Bestes, damit sich daran nicht wirklich etwas ändert. Luft- und Wasserverschmutzungen, Insektizide, Pestizide, radioaktive Verstrahlung, vergiftete, gentechnisch manipulierte und völlig denaturierte Nahrungsmittel etc. stellen eine Liste dar, die sich fast endlos erweitern ließe. Das sind die Errungenschaften unserer technologischen Entwicklung der letzten, sagen wir einmal, 150 Jahre. Viele Tier- und Pflanzenarten haben diesem Druck schon nicht mehr standgehalten und unseren Planeten für immer verlassen. Wer dagegen halten möchte, wird vielleicht anführen, welche Fortschritte wir in der Medizintechnologie gemacht haben. Doch behandeln wir mit dieser "fortschrittlichen" Technologie nicht zu einem großen Teil Krankheiten, die unsere technologische "Evolution" erst geschaffen hat, wie z.B. Allergien, Krebs und Herz-Kreislauf-Probleme? Der Mensch leidet immer mehr unter den von ihm selbst geschaffenen Lebensumständen oder vielleicht besser ausgedrückt "Lebensmißständen". Millionen Menschen sterben in den dritte Welt Ländern an Unterernährung und den verschiedensten Krankheiten, die einen geschwächten, unterernährten Menschen natürlich sehr viel leichter dahinstrecken können. Auf der anderen Seite hat der "wohlgenährte" Mensch aus der übrigen Welt mit immer neuen Symptomen seiner zunehmenden Belastung, und der damit einhergehenden Schwächung seines gesamten Organismus, zu kämpfen. Streß, Umweltverschmutzungen usw. belasten unseren Organismus, nicht zuletzt durch die mit diesen Phänomenen einhergehende disharmonische Ätherenergie. Die Sauerstoffversorgung unseres Körpers und auch die Stabilität unserer Körperzellen wird immer schlechter. Allergien breiten sich aus wie Lauffeuer, und bei vielen von uns ist das Immunsystem schon soweit geschwächt, daß man sich längst daran gewöhnt hat, zweimal im Jahr einen "Zusatzurlaub" aufgrund einer Grippe, Erkältung oder anderen Virusinfektionen einzulegen. Aber das ist nur die Spitze des Eisberges, die sozusagen schon unser aller Leben und damit wenigstens bis zu einem gewissen Grad unser Bewußtsein erreicht hat. Wir treiben unsere Schwächung weiter voran, denn im großen und ganzen hat sich an den Problemen, die wir mit unserer Technologie kreiert haben, ja noch gar nichts geändert. Im Gegenteil, unter der Spitze des Eisberges tauchen immer mehr uns sehr unheimlich erscheinende neue Krankheitssymptome, Viren, Bakterien und vieles mehr auf. Aids ist hier schon längst nicht mehr der einzige Alptraum. Noch wiegen wir uns in Sicherheit und fühlen uns von diesen drastischen Einschnitten in das menschliche Leben nicht persönlich betroffen. Noch sind es zu sehr "die anderen", die darunter zu leiden haben. Offizielle korrekte Zahlen erhält man zu diesem Phänomen zu selten oder nie.

Wir befinden uns in einer Spirale, die wir um uns selbst gezogen haben, die immer enger wird und uns immer we-

Noch können wir die immer enger werdende Lebensspirale ändern und umkehren!

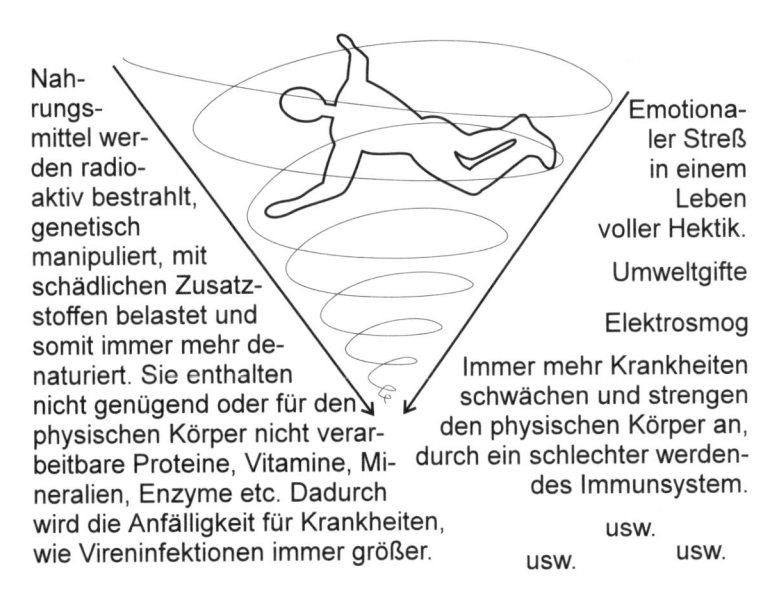

Nahrungsmittel werden radioaktiv bestrahlt, genetisch manipuliert, mit schädlichen Zusatzstoffen belastet und somit immer mehr denaturiert. Sie enthalten nicht genügend oder für den physischen Körper nicht verarbeitbare Proteine, Vitamine, Mineralien, Enzyme etc. Dadurch wird die Anfälligkeit für Krankheiten, wie Vireninfektionen immer größer.

Emotionaler Streß in einem Leben voller Hektik.

Umweltgifte

Elektrosmog

Immer mehr Krankheiten schwächen und strengen den physischen Körper an, durch ein schlechter werdendes Immunsystem.

usw. usw. usw.

niger Spielraum läßt. Das Szenarium, von uns selbst geschrieben, sieht, wenn wir das Drehbuch nicht bald abändern, sehr düster aus. Für uns als Hauptdarsteller sieht es nur ein Leben in Krankheit und einen frühen Tod voraus.

Jeder einzelne Streßfaktor verbraucht ein Mehr an Ätherenergie, die sozusagen versucht, den entsprechenden Körperbereich wieder zu stabilisieren und das biochemische-, elektrische- und Magnetfelddurcheinander, das z.B. durch Umweltgifte immer mehr in unserem Körper entsteht, auszugleichen. Unser Ätherpotential wird aber in den Wohnungen, in denen wir leben, wie in den vorherigen Kapiteln beschrieben, nicht gestärkt. Auch während unserer Arbeitszeit oder während wir schlafen, bekommen wir nicht mehr Energie zur Verfügung gestellt, sondern unterliegen auch in diesen Zeiten oft weiterem Streß.

Da wir uns also nicht über unseren Ätherkörper bewußt sind, tun wir auch nichts für diesen. Unser somit sehr begrenztes "Selbstheilungspotential" wird schnell verbraucht.

Nun wird aber, so könnte man erwidern, der Ätherkörper doch auch ständig mit Energie versorgt und zwar sowohl von dem nächsthöheren Energiekörper, dem Astral- bzw. Emotionalkörper, als auch von der die Erde ständig aus dem Kosmos erreichenden Ätherenergie und auch von dem Ätherenergiefeld der Erde selbst. Das Aufladen durch den Astralkörper z.B. kann aber nur in einem ausreichenden Maße geschehen, wenn dieser stark und leicht, mit einer hohen Frequenz arbeitet. Ein Mensch, der seinen Astralkörper von alten schweren Gefühlen gereinigt hat und dadurch freudige, leichte und liebevolle Bewußtseinserfahrungen und -wahrnehmungen in diesem erlebt, bekommt auch sehr viel Energie über seinen Astralkörper an den Ätherkörper zugeführt und kann dadurch wiederum leichter mit physischen Umweltbelastungen fertig werden.

Ja, vielleicht sollten wir unsere Umweltbelastungen und unsere destruktive Technologie einmal im Spiegel unserer Gefühlswelt betrachten. Schließlich und endlich ist der Astralkörper ein höherschwingender Bereich als unser physischer Körper. Er ist die nächsthöhere Instanz. Gefühle jedoch werden in unserer Gesellschaft eher als ein Teil unseres physischen Körpers oder von vielen Menschen sogar als störend auf dem Weg zu Karriere, Ruhm, Reichtum und Macht empfunden. Sie werden als etwas angesehen, mit dem man sich nicht beschäftigen möchte. Ab und zu einmal ist man aber ganz unweigerlich mit ihnen konfrontiert. Für Politiker, Wirtschaftsbosse und auch die meisten anderen von uns hat es keine Bedeutung, ob wir mit unserer eigenen Gefühlswelt im Reinen sind oder nicht. Gerade das Gegenteil scheint der Fall zu sein. "Erfolg" hat in unserer Gesellschaft nur derjenige, der seine Gefühle gut kontrollieren, sie verstecken und unterdrücken kann. Freude, aber auch Trauer, Wut etc. sind meist ein Tabu im Beruf, oft genug aber auch Zuhause. Schwere Gefühle wie Neid, Mißgunst, Eifersucht, Gier sind jedoch akzeptiert, auch wenn darüber nicht gesprochen wird.

Man kann sagen, unsere physische Realität und unser körperlicher Gesundheitszustand sind der Spiegel unserer emotionalen Wirklichkeit. Nur eine Menschheit, die bereit ist, sich über ihre alten schweren Gefühle bewußt zu werden, sie zu bearbeiten und aufzulösen, könnte auch eine physische Technologie entwickeln und zulassen, die unseren Planeten und uns selbst nicht belastet, sondern stärkt.

Streß verstehen

Pyramiden im täglichen Leben

Lebensmittel, Wasser und Pyramiden

In dem nun folgenden Teil dieses Buches möchte ich die grundsätzliche Wirkungsweise von Pyramiden durch praktische Anwendungsmöglichkeiten, basierend auf eigenen Erfahrungen, ergänzen.

Eine der einfachsten und sehr direkt beobachtbaren Wirkungen findet zwischen einer Pyramide und Lebensmitteln statt. Alles was unser physischer Körper an Nährstoffen aufnehmen und verarbeiten kann, ist, sowohl biochemisch als auch elektrisch, magnetisch und ätherisch in Harmonie mit unserem physisch/ätherischen Körperorganismus.

Jedes Mineral, Vitamin oder Enzym, das unser Körper verwenden kann, entspricht einer oder manchmal sogar mehrerer unserer eigenen sieben ätherischen Grundfrequenzen. Biochemische Giftstoffe haben im Gegensatz hierzu nicht nur eine für unseren physischen Körper schädliche biochemische Struktur, sondern dementsprechend disharmonische Magnetfeld- und Ätherfrequenzen. Die Natur produziert Stoffe verschiedenster Komplexität, angefangen bei einfachsten Spurenelementen bis hin zu komplexen Vitamin- und Aminosäurestrukturen, die mit der einen oder anderen unserer sieben ätherischen Grundfrequenzen resonant sind, und demzufolge in ihrer biochemischen Struktur von unserem physischen Körper genutzt werden können. Im Unterschied zu uns Menschen nehmen die für uns wichtigen Nährstoffe nicht alle sieben Ätherfrequenzen einer Pyramide auf, sondern nur die ihnen entsprechende Frequenz aus dem Gesamtspektrum.

Lebensmittel und Wasser

Nährstoffe im Energiefeld einer Pyramide

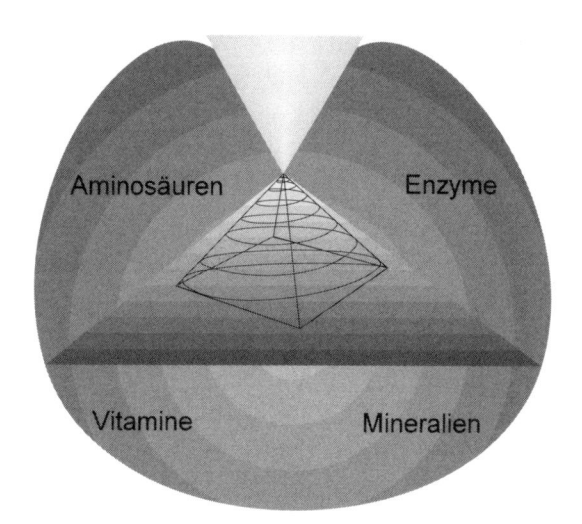

Die für uns wichtigen Nährstoffe nehmen nicht alle sieben Ätherfrequenzen einer Pyramide auf, sondern nur die ihnen entsprechende Frequenz aus dem Gesamtspektrum.

Ein Nährstoff muß in all seinen Schwingungsbereichen stabil und unseren Grundfrequenzen entsprechend ausgebildet sein, damit er unserem physisch/ätherischen Körperorganismus in diesen Bereichen als Stärkung dient. Viele Forschungsergebnisse der letzten Jahre weisen darauf hin, daß ein und derselbe biochemische Stoff nicht eine exakt identische elektrische-, Magnetfeld- oder Ätherfrequenz (oder auch Biophotonenausstrahlung) hat.

Bis vor 100 oder 150 Jahren war es so, daß Lebensmittel nur aus der Natur kamen. Früchte konnten fast immer bis zu einer ausreichenden Reifung an ihrer Pflanze oder ihrem

Strauch bleiben, bis sie meistens sofort verzehrt wurden. Die Pflanze konnte ihren Früchten somit alles ausreichend zuführen, wodurch diese insgesamt harmonisch ausgebildet wurden. Bis zur Ernte hatte die Frucht ihre volle Reife erlangt. So erhielt der Mensch Nährstoffe, die sein physischer Körper sehr gut verarbeiten konnte.

Dies ist heutzutage in sehr großem Maße nicht mehr der Fall. Obst und Gemüse werden sehr weit transportiert und deswegen zum Großteil zu früh geerntet. In diesem Zustand sind die Früchte noch nicht in allen Bereichen vollkommen ausgeformt. Sowohl biochemisch, als auch in sämtlichen anderen Schwingungsbereichen hatte die Pflanze nicht genügend Zeit zur Verfügung, um eine vollständige harmonische Ausreifung zu bewerkstelligen.

Die Ausreifung findet, wenn überhaupt, während des Transportes oder der Lagerung statt. In dieser Zeit der endgültigen Reifwerdung wird die Frucht jedoch nicht mehr von der harmonischen Energie ihrer Pflanze oder einem anderen für sie geeigneten Energiefeld genährt. Bis heute versucht fast niemand, harmonische Energieverhältnisse während des Transportes oder der Lagerung herzustellen, obwohl so das Ziel einer längeren Haltbarmachung, ohne die Lebensmittel zu schädigen, erreicht werden könnte.

Eine Ausreifung findet heute meistens unter höchst ungünstigen Bedingungen statt. Die in dieser Zeit geformten Enzyme, Vitamine etc. werden unter dem Einfluß willkürlicher, mehr oder weniger disharmonischer Frequenzen gebildet. Dementsprechend liegen in einer solchen Frucht weniger für unseren physischen Körper harmonische biochemische Stoffe und Energien vor.

Wir führen unserem Körper also oft Nahrung, u.a. in Form von Gemüsen und Obst, zu, die nicht mehr über die

Inhaltsstoffe verfügt, die sie haben sollte. Einige Bestandteile unserer Nahrung kann der Körper gar nicht mehr aufnehmen und bei anderen sollte er dies auch besser nicht tun. Manche Inhaltsstoffe können zwar noch aufgenommen werden, verlangen unserem Körper aber einen sehr hohen Energieaufwand bei der Verarbeitung ab. Andere Teile der Inhaltsstoffe unserer Lebensmittel werden von unserem Körperorganismus noch aufgenommen, können aber nicht mehr verändert und weiterverarbeitet werden und belasten dann unseren physischen Gesamtorganismus in Form von Ablagerungen und Schlacken. Das, was wir essen, kostet uns immer mehr Energie, anstatt uns diese zuzuführen. Viele Variationen des Stresses und der Belastungen treten hierdurch ein. Unnütze, nicht ausgeformte biochemische Stoffe erreichen unseren Körper genauso, wie biochemisch noch einigermaßen korrekt geformte Baustoffe, die aber schon keine harmonische elektrische-, Magnetfeld- und/oder Ätherfrequenz haben. Wir haben heutzutage zwar eine viel grössere Auswahl an Lebensmitteln, die aber immer weniger aufbauende harmonische Nährstoffe und Schwingungsfrequenzen enthalten.

Allein hieraus bieten sich eine unendliche Vielzahl an Anwendungsmöglichkeiten von Pyramiden für den Transport und die Lagerung von Lebensmitteln bis hin zum Verkauf an. Man könnte Lastkraftwagen, Züge etc. mit Pyramiden ausrüsten, und somit eine Ausreifung von Früchten unter der Zufuhr von harmonischen Frequenzen gewährleisten. Die Früchte könnten so während des Transportes unter den bestmöglichen Energieverhältnissen ausreifen und den Verbraucher in einem Zustand "wie frisch vom Baum gepflückt" erreichen. Alle Inhaltsstoffe lägen in der Frucht in ihrer harmonischsten Form vor. Die Energie einer Pyramide reicht für eine optimale Ausreifung der Frucht aus, wenn sie an der Pflanze schon ein gewisses biochemisches Wachstum erlangt hat.

So würde der Käufer eine fast wie reif und frisch von der Pflanze gepflückte Frucht erhalten, die in all ihren Frequenz- und Bestandteilsbereichen harmonisch, auf seinen physischen Körper helfend und aufbauend einwirken könnte. Unsere Lebensmittel könnten also wieder eine rundum stärkende Wirkung für uns haben.

Aber das Gegenteil findet immer mehr statt. Anstatt daß wir unsere Lebensmittel auf ihrem Transport- und Lagerweg stärken, schwächen und schädigen wir sie noch mehr, meistens um leichter höhere Gewinne zu ermöglichen. Lebensmittel werden zu ihrer Haltbarmachung mit biochemischen Präparaten bestrichen oder sogar radioaktiv bestrahlt. Gemüse und Obst werden mit künstlich hergestelltem und dementsprechend disharmonischem Dünger und mit Insekten-, Unkraut- und Ungezieferverichtungsmitteln belastet. Die Pflanzen selbst finden in den Böden z.B. nicht mehr alle Spurenelemente, da diese durch sauren Regen und andere Umweltbelastungen nicht mehr ausreichend vorhanden oder ganz verschwunden sind. Diese Liste ist um viele Positionen erweiterbar. Alle Faktoren führen jedoch zu einer immer weiter fortschreitenden Degeneration unserer Lebensmittel. Wir essen und trinken immer mehr Substanzen, die biochemisch, elektrisch, magnetisch und ätherisch für unseren Körper disharmonisch sind. Gleichzeitig erhalten wir immer weniger die Baustoffe und Frequenzen, die unser physischer Körper in all seinen Schwingungsbereichen wirklich braucht. Dadurch werden Körperfunktionen in weitreichendem Maße belastet und gestört. Der physische Gesamtorganismus ist sehr hohen Belastungen ausgesetzt.

Lebensmittel und Wasser

Auch Pyramiden können hier keine Wunder vollbringen, aber sehr helfen. Jeder einzelne Mensch muß sich in dieser heutigen Zeit selbst die bestmöglichen Nährstoffe suchen, die er finden kann, um sich alles Nötige zur Verfügung zu stellen. Das erfordert einen großen Aufwand an Zeit und/oder Geld. Wir zahlen somit einen großen Preis für die "Errungenschaften" unserer Zeit.

Der Höhepunkt dieser belastenden Faktoren in unserer Nahrungskette wird erst jetzt in den kommenden Jahren erreicht. Immer mehr genetisch manipulierte Stoffe und Lebensmittel drängen auf den Markt, wie z.B. Tomaten, die drei Wochen lagern können und dann immer noch wie frisch gepflückt aussehen, innerlich aber völlig "leer" sind und vieles mehr. Ein von Menschen genetisch verändertes Lebensmittel enthält Baustoffe, die bestimmte "Qualitäten", wie z.B. längere Haltbarkeit etc., erfüllen. Diese künstlich geschaffenen, niemals zuvor von der Natur in den entsprechenden Pflanzen geformten Stoffe, sind ganz automatisch und in jedem Schwingungsbereich, also biochemisch, elektrisch und auch im Magnetfeld- und Ätherbereich disharmonisch und zerstörerisch für unseren physischen Körperorganismus. Bei diesen Manipulationen spielt allein die gewünschte biochemische Funktion eine Rolle und nicht deren Auswirkung auf den Menschen.

Wir befinden und bewegen uns immer mehr in einer Zeit, in der wir Substanzen essen und trinken, mit denen unser Körper nichts anfangen kann, die eine disharmonische bis zerstörerische Wirkung auf unseren physischen Gesamtorganismus haben. Die Frage ist, wie lange wir dies zulassen und ertragen wollen, bzw. überleben werden?

Pyramiden können hier mehr Energie und harmonischere Frequenzen und Baustoffe schaffen, doch auch sie können nicht herzaubern, was nicht mehr vorhanden ist oder schädliche Bestandteile vollkommen vernichten, die der Mensch seinen Lebensmitteln beigefügt hat.

Was kann eine Pyramide dann in der heutigen Zeit für unsere Lebensmittel tun? Als eine Anwendungsmöglichkeit hatte ich schon die Schaffung von harmonischen Energieverhältnissen beim Transport und der Lagerung bis hin zum Verkauf vorgeschlagen. Aber natürlich kann jeder selbst bei sich zu Hause eine solche Art der Anwendung nutzen. Eine Pyramide kann in der Küche, im Vorratsraum oder -keller bei der Lagerung und Aufbewahrung von Lebensmitteln eingesetzt werden. Dabei kann das gesamte Energiefeld einer Pyramide genutzt werden. Das heißt, daß nicht alles Obst oder Gemüse direkt in der Pyramide liegen muß, sondern, daß auch um sie herum und darunter Früchte lagern können. Eine mögliche Anwendung kann z.B. eine Pyramide auf einer Obstschüssel sein.

Eine Haushaltspyramide

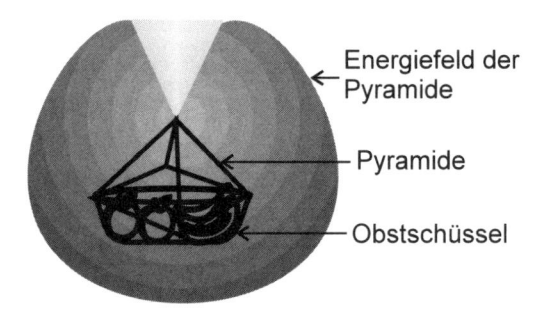

Hierbei wird der Wirkungsradius der Pyramide sehr gut ausgelastet und relativ viel Obst kann von einer nicht allzu großen Pyramide energetisiert werden. Noch einmal zum besseren Verständnis: Obst, Gemüse etc. nimmt aus dem Gesamtspektrum der sieben Grundfrequenzen einer Pyramide nur die ihm entsprechenden auf, was der natürlichen Resonanz zwischen den biochemischen Grundstoffen des Gemüses und den jeweiligen Frequenzen der Pyramide entspricht. Dadurch kann die weiter fortschreitende Reifung des Obstes sehr harmonisch geschehen. Ich möchte an einigen Beispielen genauer erklären, wie sich dies auswirkt und was dadurch genau möglich ist. Nehmen wir z.B. Tomaten, die wir gerade in der Winterzeit auf dem Markt, im Supermarkt oder auch im Bioladen gekauft haben. Diese Tomaten sind sicher nicht an ihrer Pflanze voll ausgereift, was man ihnen oft auch ansieht. Auf jeden Fall kann ein Geschmacksunterschied zu frischen Tomaten festgestellt werden. Lagern diese Tomaten unter einer wie im ersten Teil des Buches beschriebenen Pyramide, sagen wir einmal zwei Tage, dann bekommen sie erheblich mehr harmonische Energie. Alle in der Tomate enthaltenen natürlichen Bausteine wie Mineralien, Enzyme, Vitamine werden gestärkt und teilweise dadurch erst wieder oder endgültig aktiviert. Die Tomaten gewinnen somit nicht nur an Wert für unseren Körperorganismus, sondern sie schmecken auch besser, da der Geschmack eines Lebensmittels zum Großteil von seinen Enzymen bestimmt wird. Bei zu früh geerntetem, nicht voll ausgereiftem Gemüse oder Obst sind die in ihnen enthaltenen Enzyme, also die geschmackgebenden Stoffe, noch nicht komplett ausgebildet. Deshalb fehlt ihnen der volle Geschmack. Werden solche Lebensmittel von einer Pyramide energetisiert, wird automatisch ihr Geschmack verbessert, da die Enzyme stabiler und vollständiger in der Pflanze vorliegen. Das kann jeder leicht selbst zu Hause aus-

Pyramiden

probieren, ob mit Tomaten, Bananen, Ananas oder anderen Lebensmitteln.

Bei dieser Art der Anwendung einer Pyramide, z.B. auf einer Obstschüssel, ist es nicht so günstig, einige, an der Luft sehr schnell Feuchtigkeit verlierende Gemüse gerade in wärmeren Räumen, wie z.B. in der Küche, unterzubringen. Eine Karotte würde unter einer solchen Pyramide in warmen Räumen zwar genauso harmonische Energie aufnehmen wie eine Tomate, sie würde aber zu schnell austrocknen, eine runzelige Hautoberfläche bekommen und somit unansehnlich werden. Daraus ergibt sich eine weitere Anwendungsmöglichkeit einer Pyramide im Kühlschrank oder Kühlraum. Der Kühlraum/Kühlschrank verhindert das Austrocknen der Lebensmittel und die Pyramide führt diesen Energie zu. Lebensmittel, die sehr schnell Feuchtigkeit verlieren, sollten also im Kühlschrank oder Kühlraum in Verbindung mit einer Pyramide gelagert werden.

Der Effekt, den eine Pyramide auf Lebensmittel hat, läßt sich auch optisch sehr schön mit der Hilfe von Blumenblüten demonstrieren. Wenn Sie zwei abgeschnittene Blumenblüten, die sich etwa im gleichen Erblühungszustand befinden, zur Verfügung haben, dann legen sie einmal eine davon unter eine Pyramide und die andere mindestens soweit davon entfernt, daß sie sich nicht mehr im Energiefeld der Pyramide befindet und lassen sie beide Blüten über Nacht ohne Wasser liegen. Das Ergebnis wird für jeden am nächsten Morgen sehr beeindruckend sein.

Das Energiefeld einer Pyramide wirkt sich aber noch in einer weiteren Hinsicht positiv bei der Lagerung von allem, was der Mensch zu sich nimmt, aus. Schon am Baum oder Strauch wird nur das energetisch schwächste Obst oder Gemüse von Bakterien, Nematoden, Würmern, Fliegen etc.

angefallen. Das starke harmonische Energiefeld einer Pyramide wirkt auf all diese "Schädlinge" abstoßend. Dadurch wird ein Befall während der Lagerung sehr viel unwahrscheinlicher, als in einem disharmonischen Lagerbereich. Eine Pyramide kann auch hierbei keine Wunder bewirken. Schon befallenes Obst oder Gemüse wird also nicht wieder frei von den entsprechenden Schädlingen werden, genauso wie einmal am Baum befallenes Obst nicht wieder frei von dem Befall wird, trotz der fortschreitenden Energiezufuhr für die Frucht vom Baum her.

Bei der Lagerung von Lebensmitteln unter Pyramiden findet damit gleichzeitig eine Energetisierung und harmonische Ausreifung statt, aber auch ein Schutz vor dem Befall mit Schädlingen.

Eine weitere interessante Auswirkung läßt sich bei Bananen und anderem Weichobst beobachten. Lagern diese mehrere Wochen (z.B. zwei bis drei Wochen) im Energiefeld einer Pyramide, werden sie außen ganz normal schwarz, bleiben innen aber bestens erhalten und werden im Gegenteil sogar sehr süß, unter der Voraussetzung, daß sie nicht schon beim Kauf oder Transport Druckstellen hatten. In einem solchen Fall kann die Pyramide keine schon vorliegenden physischen Schäden korrigieren, sie kann aber unter günstigen Ausgangsbedingungen eine extrem lange Lagerfähigkeit unter harmonischsten Umständen ermöglichen. Auch dies kann jeder leicht und einfach zu Hause ausprobieren, um eigene Erfahrungen mit den hier beschriebenen Anwendungen zu machen.

Generell kann man sagen, daß Pyramiden eine ideale harmonische und dadurch auch schützende Wirkung bei der Lagerung von Lebensmitteln für Menschen haben, sowohl im kleinen Rahmen bei jedem von uns zu Hause, aber natürlich auch im größeren Rahmen, wie z.B. in Hotelbetrieben oder Krankenhäusern.

An dieser Stelle möchte ich noch eine Anregung geben, wie eine Installation in größeren Lagerräumen aussehen könnte. Hierfür kann u.a. der Effekt genutzt werden, daß bei der Kombination von mehreren Pyramiden das gesamte Energiefeld aller Pyramiden größer ist, als die Addition ihrer einzelnen Energiefelder. Es gilt nicht 1 + 1 = 2, sondern 1 + 1 > 2. Dies ist nichts außergewöhnliches und geschieht u.a. auch in der Elektrizität. Bringt man z.B. zwei elektrische Leiter, durch die ein Strom der Stärke 1 fließt, nahe genug parallel zueinander, dann ist der insgesamt durch beide Kabel fließende Strom nicht mehr 1 + 1 = 2, sondern 1 + 1 > 2. Diese Erhöhung geschieht durch die sogenannte Magnetfeldinduktion, was bedeutet, daß die von jedem Draht ausgestrahlte Magnetfeldenergie im anderen Draht einen zusätzlichen Stromfluß auslöst. Genauso findet eine resonante Frequenzerhöhung über und durch die Äther- und Magnetfeldausstrahlung einer Pyramide auf eine andere Pyramide statt.

Eine mögliche Anwendung von Pyramiden in größeren Räumen zur Lagerung von Lebensmitteln könnte also wie folgt aussehen:

Lebensmittel und Wasser

Lagerung von Lebensmitteln unter Pyramiden

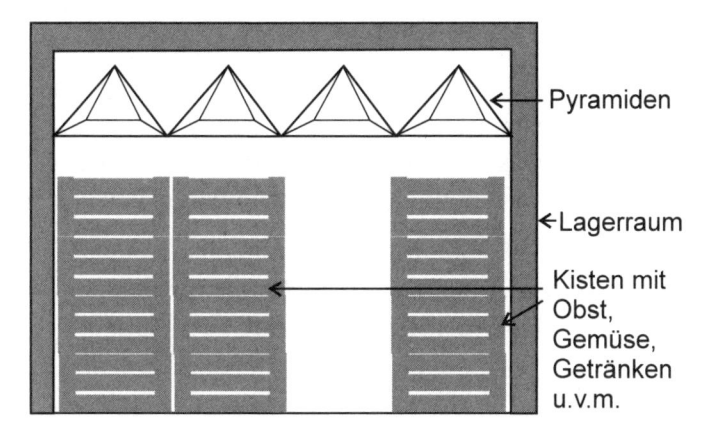

```
△△△△  ← Pyramiden

              ← Lagerraum
              ← Kisten mit
                Obst,
                Gemüse,
                Getränken
                u.v.m.
```

Ein weiteres großes Anwendungsspektrum für Pyramiden bietet der wichtige Grundstoff Wasser. Unser physischer Körper besteht zum Großteil aus diesem flüssigen Element. Auf flüssige physische Stoffe wurde bereits im ersten Teil dieses Buches eingegangen. Die Verbindung der Atome eines Stoffes im flüssigen Zustand ist sehr leicht verschiebbar und doch sind die Atome noch gut miteinander verbunden, im Gegensatz zum gasförmigen Zustand. Flüssige Elemente wie Wasser (chemisch H_2O) können deshalb sehr leicht Veränderungen durchlaufen und haben doch ein beeindruckendes Zusammenhalten, sichtbar z.B. anhand ihrer Oberflächenspannung. Sowohl der Planet Erde als auch unser physischer Körper werden durch das Element Wasser bestimmt.

Wasser hat als flüssiger Stoff die Qualität sich leicht über unebene Flächen zu bewegen. Es kann durch diese Bewegungen Energien aus seiner Umgebung aufnehmen und diese speichern. Die Speicherkapazität an Äther-, Magnetfeld-

und elektrischer Energie ist im Wasser sehr hoch, da die biochemischen, sehr leicht beweglichen Atome viele verschiedene Beziehungen, Abstände etc. voneinander haben können. Sowohl die Wasservorräte der Erde, als auch das Wasser im menschlichen Körper kann viel oder wenig, harmonische oder disharmonische Energie beinhalten. In der Natur z.B. bewegt sich das Wasser immer so in Bach- oder Flußläufen, daß es möglichst viel Ätherenergie von der Erde aufnimmt, es "mäandert".

Ein Fluß mäandert und nimmt Ätherenergie von der Erde auf

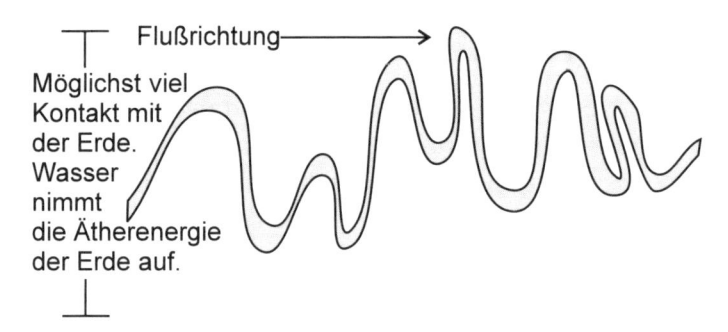

Flußrichtung →

Möglichst viel Kontakt mit der Erde. Wasser nimmt die Ätherenergie der Erde auf.

Energiereiches Wasser kann z.B. Verunreinigungen besser verarbeiten und die vorhandene Äther- und Magnetfeldenergie kann besser genutzt werden.

Wir Menschen haben es uns der "Einfachheit" halber zur Gewohnheit gemacht, Wasserläufe zu begradigen und Wasser durch gerade Leitungen seiner Nutzung zuzuführen. So nimmt das Wasser immer weniger Energie auf. Trinken wir dieses Wasser, bekommen auch wir dadurch wenig Energie und eventuell sogar disharmonische Frequenzen in unseren Körperorganismus. Wasser formt in unserem Körper aber im Grunde alle Zellen und auch alle unsere Körperflüssig-

Lebensmittel und Wasser

keiten. Jede einzelne Körperzelle enthält Wasser. Unsere lebenswichtige Blutflüssigkeit, aber auch die Reinigung unseres Körpers über die Haut oder die Nieren wird durch Wasser erst möglich. Alles in unserem physischen Körper ist getragen von Wasser. Welche Energien auch immer in den Flüssigkeiten enthalten oder nicht enthalten sind, die wir täglich zu uns nehmen, bestimmen zum Großteil unser physisches Energiepotential. Trinken wir Wasser oder andere auf Wasser basierende Getränke (und das schließt alles was wir an Flüssigkeit zu uns nehmen ein), die wenig oder disharmonische Energien enthalten, nehmen wir diese dadurch in unseren Körper auf. Führen wir uns Flüssigkeiten mit einer harmonischen starken Energie zu, stärkt uns dies, gibt uns Kraft und Energie für alle Körperfunktionen. Die Anwendung von Pyramiden mit Wasser und allen auf Wasser basierenden Flüssigkeiten ist dementsprechend vielfältig. Im einfachsten Fall kann man eine Flasche Wasser, eine Kanne mit Milch oder Wein im Energiefeld einer Pyramide plazieren.

Pyramiden und Flüssigkeiten auf Wasserbasis

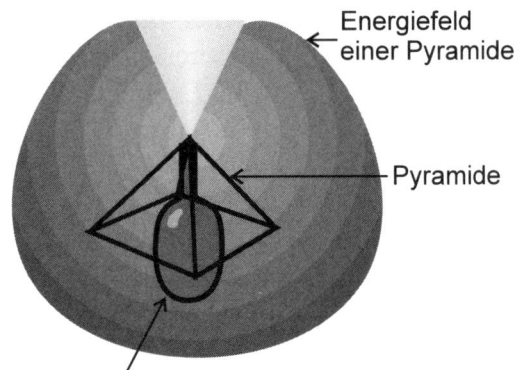

Energiefeld einer Pyramide

Pyramide

Wasser, Saft, Wein, Milch etc.

Die Flüssigkeit wird dadurch von dem Energiefeld der Pyramide durchwirkt. Insgesamt entsteht so innerhalb von wenigen Stunden bis zu zwei Tagen und mehr eine erheblich energiereichere, mit harmonischen Frequenzen aufgeladene Flüssigkeit, die ein hohes Potential der für den Menschen wichtigsten sieben Äthergrundfrequenzen enthält. Trinken wir eine solche Flüssigkeit, führen wir uns ein hohes Maß an Energie zu, die in all unsere Körperzellen weitergeleitet wird. Das bedeutet ein Mehr an Vitalität in unserem gesamten physischen Energiehaushalt.

In diesem Sinne kann man Pyramiden an vielen weiteren Stellen des Lebens im Zusammenhang mit Wasser einsetzen. Man kann z.B. in Wasserspeichern, Kläranlagen oder Schwimmbädern Wasser durch Pyramiden Energie zuführen.

Lebensmittel und Wasser

Energetisierung von Wasser bei der Lagerung

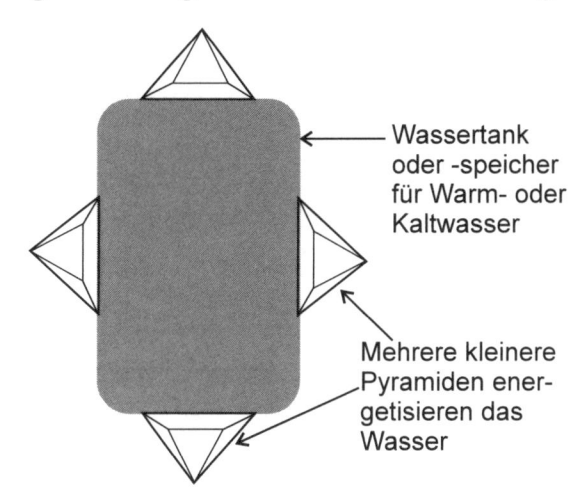

Wassertank oder -speicher für Warm- oder Kaltwasser

Mehrere kleinere Pyramiden energetisieren das Wasser

Weitere Anwendungsmöglichkeiten mit Wasser

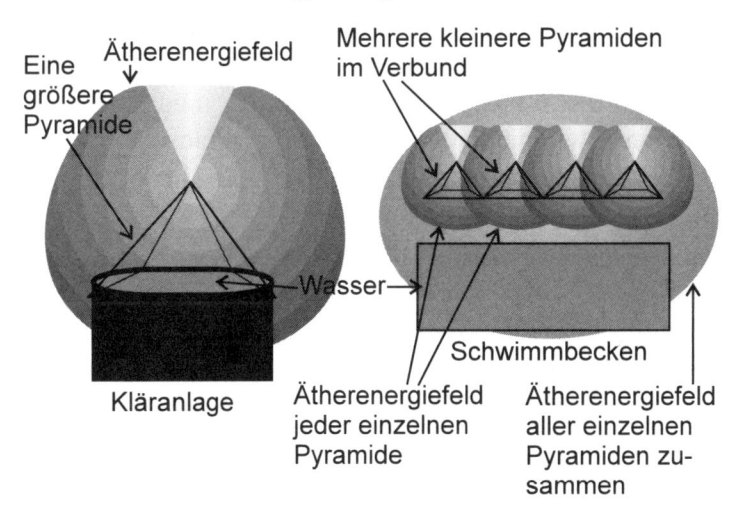

Eine größere Pyramide

Ätherenergiefeld

Mehrere kleinere Pyramiden im Verbund

Wasser

Schwimmbecken

Kläranlage

Ätherenergiefeld jeder einzelnen Pyramide

Ätherenergiefeld aller einzelnen Pyramiden zusammen

Bei den auf der Vorseite gezeichneten Anwendungen wurde entweder mit einer größeren Pyramide oder mit einer Kombination kleinerer Pyramiden gearbeitet. Ebenso wie Schwimmbäder oder Kläranlagen können Wasserfilter durch Pyramiden in ihrer Funktion des Wasserreinigens unterstützt und dadurch erweitert werden. Bei einer solchen Anwendung steht nicht nur sauberes, sondern auch energiereiches Wasser als Endprodukt zur Verfügung.

Wasserfilter und Pyramiden

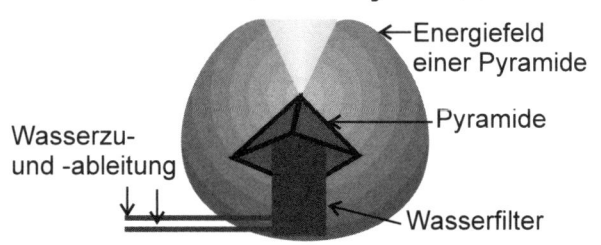

← Energiefeld einer Pyramide
← Pyramide
Wasserzu- und -ableitung
← Wasserfilter

Dies sollen nur ein paar Beispiele einer möglichen Anwendung sein. Wenn das Grundprinzip verstanden ist, sind viele weitere Anwendungsmöglichkeiten mit Wasser und anderen, auf diesem basierende Flüssigkeiten möglich.

Wein gewinnt unter einer Pyramide an Geschmack, weil diese das Energiepotential des Wasseranteils im Wein erhöht und weil sie die Enzyme, die den Geschmack des Weines ausmachen, energetisiert und stärkt.

Ein sehr mißverstandener Bereich ist die Wirkung von Pyramiden auf Fleisch. Das Vorurteil, daß Pyramiden "mumifizieren", das heißt, daß sie ein totes Stück Fleisch nicht verwesen lassen, ist weit verbreitet. Dies hat eher zu einer Skepsis und auch zu Desinteresse an der Wirkung von Pyramiden geführt, denn welches Interesse könnte man daran haben, eine lebende Mumie zu werden. Einen Teilaspekt dieses Effektes haben wir schon beim Gemüse erklärt. Die Pyramide hat ein starkes harmonisches Energiefeld, das von Bakterien, Nematoden usw. eher gemieden wird. Legt man ein Stück totes Fleisch, das nicht von Bakterien befallen ist, unter oder in eine Pyramide, so kann es lange Zeit dort liegen, ohne von Bakterien etc. befallen und zerfressen zu werden. Um z.B. einen guten Ausgangspunkt für die Mumien in Ägypten zu schaffen, nahm man diesen deshalb die inneren Organe heraus und versiegelte ihr Bauchinneres mit Ölen. Totes Fleisch verliert mit oder ohne eine Pyramide Feuchtigkeit an die Luft und verledert dadurch, wenn es vorher nicht von Kleinstlebewesen zerfressen wird. Also auch Fleisch kann in einer Pyramide über lange Zeit gelagert werden.

Um unseren lebenden physischen Körper brauchen wir bei der Anwendung von Pyramiden jedoch keine Angst zu haben, daß er mumifiziert. Bei der Anwendung einer Pyramide am Menschen verlieren wir nicht mehr Flüssigkeit als ohne diese an die uns umgebende Luft. Wir nehmen die harmonische Energie der Pyramide auf, ohne daß unsere lebendige Haut dabei stärker als sonst austrocknet, da sie ja ständig vom Körperinneren mit durch die Pyramide sogar energiereicherer Flüssigkeit versorgt wird.

Wann immer man Lebensmitteln, also allem was wir zu uns nehmen, Energie zuführen möchte, kann man Pyramiden verwenden. Egal, ob man Tiefgefrorenes auftaut oder seinen Wein verbessert, ob man den Geschmack von Lebensmitteln optimiert oder ihre Haltbarkeit verlängert und die Qualität ihrer Inhaltsstoffe anhebt, immer gelangen so mehr und harmonischere Energien in unseren Körper und das ist genau das, was er gerade in der heutigen Zeit braucht.

Schlaf, Regeneration und Pyramiden

Nun aber zu dem, was Pyramiden direkt am und für den Menschen tun können. Eines der wichtigsten Anwendungsbereiche einer Pyramide ist gerade heutzutage der Schlaf. Was genau geschieht in dieser Zeit?

Um zu schlafen legen wir uns in der Regel hin. Dadurch befindet sich unser physisch/ätherischer Körper nachts parallel und nicht wie tagsüber senkrecht zum Ätherenergiefeld der Erde. Der Ätherkörper kann somit mehr Energie von der Erde aufnehmen und sich revitalisieren.

Äther- und physischer Körper liegen parallel zur Erde

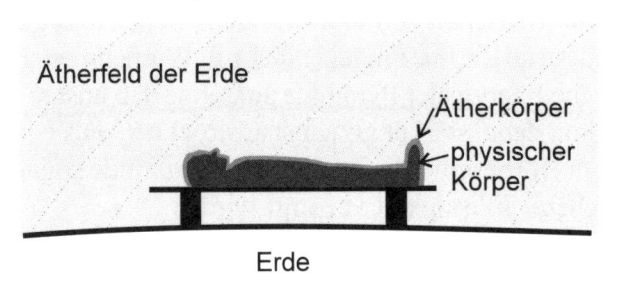

Ätherfeld der Erde
Ätherkörper
physischer Körper
Erde

In dieser Zeit der Revitalisierung dehnt sich der Ätherkörper aus, er erweitert sich und kann so noch mehr Energie "auftanken". Streß und Belastungen können durch den Ätherkörper und die Chakren abgebaut und neutralisiert werden. Gleichzeitig arbeitet unser Emotional- bzw. Astralkörper sehr intensiv. Auch er dehnt sich aus oder entfernt sich sogar vom physischen Körper, wobei er aber immer mit ihm verbunden bleibt. Diese starke Aktivität unseres Astralkörpers ist in der Regel nur nachts möglich, wobei er Emotionen verarbeitet, die im Tagesablauf nicht verarbeitet werden konnten.

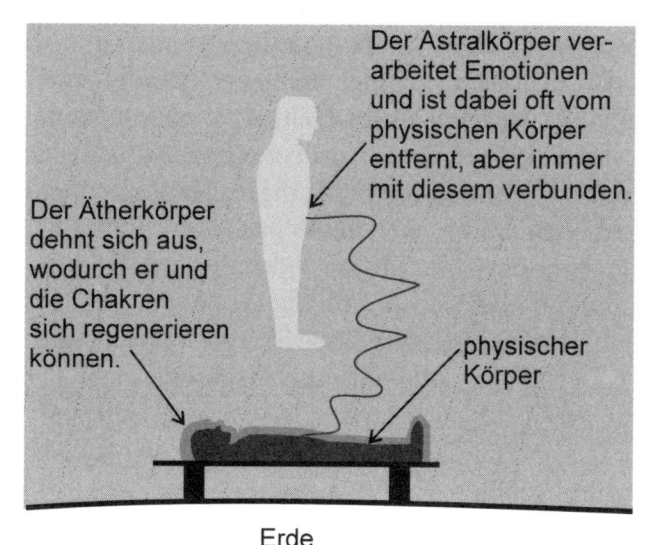

Der Astralkörper verarbeitet Emotionen und ist dabei oft vom physischen Körper entfernt, aber immer mit diesem verbunden.

Der Ätherkörper dehnt sich aus, wodurch er und die Chakren sich regenerieren können.

physischer Körper

Erde

Die Verbindung zwischen unserem physisch/ätherischen Körper und unserem Astralkörper muß immer bestehen bleiben, anderenfalls wären wir sofort tot.

Dieses vielfältige multidimensionale Regenerations- und Erholungsgeschehen im Äther- und Astralkörper spiegelt sich natürlich auch in dem wider, was im Schlaf mit unserem physischen Körper geschieht. Dadurch daß wir nicht mehr so stark der Gravitation der Erde ausgesetzt sind, wie dies tagsüber im "aufrechten" Zustand der Fall ist, lockert sich im Schlaf der Abstand zwischen unseren Rückenwirbeln und wir werden physisch circa 1 bis 2 cm größer. Entsprechend der Tätigkeit unseres Astral- und Ätherkörpers durchlaufen wir im Schlaf mehrere jeweils 1,5 bis 2 Stunden dauernde Zyklen. In solch einer Phase nimmt zunächst die Traumtätigkeit (also das Verarbeiten unserer Emotionen) extrem zu, um dann völlig zur Ruhe zu kommen. Erst dann befindet man sich in einem traumfreien Bereich, in einem Zustand des reinen Energieauftankens. Parallel zu diesem Geschehen wechselt unser Gehirn in verschiedene Frequenzbereiche über, die es tagsüber nur selten bzw. gar nicht einnimmt. Erlebnisse des Tages, die bisher noch unverarbeitet geblieben waren, werden so nachts im Schlaf in allen Energiebereichen, im physisch/ätherischen Körper, aber auch im Astralkörper und Mentalkörper verarbeitet. Alle Bereiche werden gereinigt, mit Energie versorgt und vitalisiert. Der Schlaf sollte uns also insgesamt mehr Lebensenergie zur Verfügung stellen. Dieser Prozeß ist lebenswichtig für uns und für das Maß an Energie, das wir tagsüber zur Verfügung haben.

Heutzutage wird unser Schlaf von vielen verschiedenen Faktoren gestört. Jede disharmonische Energiewelle, die uns in dieser Zeit der Regeneration erreicht, stört unser Auftanken und unseren Erholungsprozeß. Dabei spielt es keine so große Rolle, ob die Störfrequenz von einer Wasserader, einer Erdverwerfung oder einer Funkwelle stammt.

Einen Aspekt der schädigenden Wirkung von Funkwellen hatten wir schon im Kapitel über Elektrizität angesprochen. Unser physischer Körper wird heutzutage überall von Funkwellen durchdrungen, auch im Schlaf. Denken Sie nur einmal an die vielen verschiedenen Funk-, Radio- und Telefonfrequenzen, die man überall "empfangen" kann. Noch einmal zur Erinnerung: Jedes Organ in unserem physischen Körper hat eine ihm eigene elektrische, aber auch Magnetfeld- und Ätherfrequenz. Belastungen durch disharmonische Frequenzen betreffen uns alle, sowohl tagsüber als auch des Nachts.

Im Schlaf findet jedoch eine noch viel stärkere Irritation und Störung durch disharmonische Frequenzen als im Wachzustand statt, da der Ätherkörper sich in dieser Zeit der Regeneration weit ausdehnt und dadurch auch sehr viel empfindlicher und anfälliger für disharmonische Energien ist. Jede physisch disharmonische Energiewelle hat eine disharmonische Ätherfrequenz. Trifft eine solche unharmonische Ätherfrequenz, egal welchen Ursprungs, auf den im Tiefschlaf ausgedehnten Ätherkörper, dann zieht sich dieser zum Schutz ruckartig zusammen. Oft wird das durch ein Zusammenziehen der gesamten physischen Körpermuskulatur begleitet. Die Abstände zwischen den Rückenwirbeln werden blitzartig wieder enger und die jeweilige Tiefschlafphase wird unterbrochen.

Viele Menschen wachen durch dieses Störgeschehen auf, aber auch wer weiterschläft wird zumindest aus dem Erholung und Regeneration bringenden Tiefschlafrhythmus herausgerissen. Dies hat fast immer zur Folge, daß in derselben Nacht keine Tiefschlafphase mehr erreicht wird. Der Körper erholt sich also nicht mehr, bekommt nicht ausreichend Ätherenergie zur Verfügung gestellt, und emotional bisher noch unverarbeitet gebliebene Geschehnisse können nicht mehr aufgearbeitet werden.

Längerfristig entsteht dadurch ein Mangel an Regeneration und Energie, was sicherlich jeder Mensch bestätigen kann, der gravierende Schlafprobleme über einen längeren Zeitraum hatte.

Schlaf und disharmonische Frequenzen

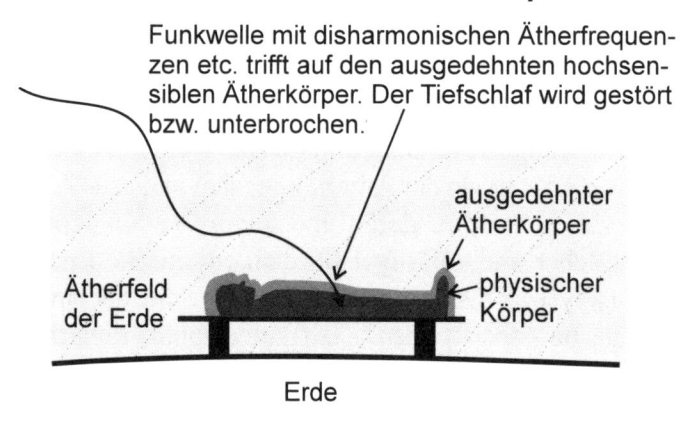

Funkwelle mit disharmonischen Ätherfrequenzen etc. trifft auf den ausgedehnten hochsensiblen Ätherkörper. Der Tiefschlaf wird gestört bzw. unterbrochen.

ausgedehnter Ätherkörper

Ätherfeld der Erde

physischer Körper

Erde

Wir alle sind heutzutage disharmonischen Ätherfrequenzen ausgesetzt, die unseren Tiefschlaf belasten, ihn stören oder sogar verhindern. Ständig werden wir von Frequenzen verschiedenster Art durchwirkt, von denen keine harmonisch ist. Wir alle haben nicht den Schlaf, den wir haben könnten und haben sollten. Dies ist ein ständiger Streß, eine Dauerbelastung für unseren Gesamtorganismus. Die Auswirkungen dieses Mangels sind bei jedem Menschen zwar sehr unterschiedlich, langfristig aber sehr gravierend.

Eine Pyramide für den Schlaf muß also neben den Bauanforderungen aus dem ersten Teil dieses Buches groß genug sein, um den ausgedehnten Ätherkörper des Menschen vor disharmonischen Frequenzen zu bewahren. Eine Schlafpyramide sollte daher mindestens im Grundmaß so groß sein wie der physische Mensch selbst, damit das Energiefeld der Pyramide den im Tiefschlaf ausgedehnten Ätherkörper abdecken und schützen kann.

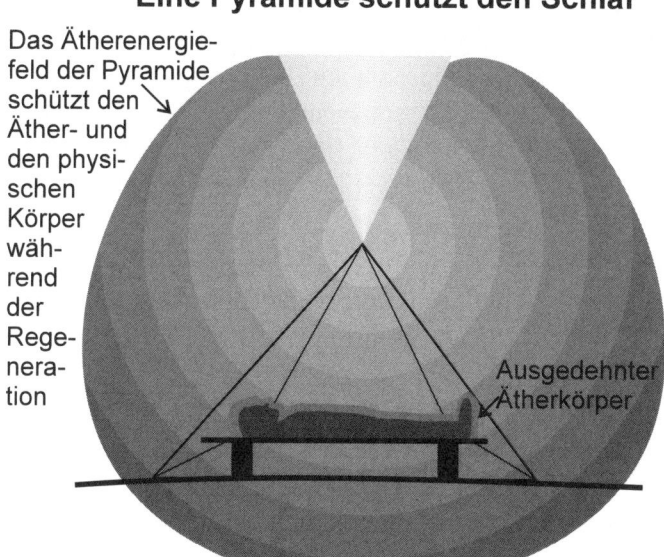

Eine Pyramide schützt den Schlaf

Das Ätherenergiefeld der Pyramide schützt den Äther- und den physischen Körper während der Regeneration

Ausgedehnter Ätherkörper

Eine kleinere Pyramide könnte dem Menschen zwar nachts auch Energie zuführen, ihr Energiefeld wäre aber nicht groß genug, um den gesamten Ätherkörper abdecken und effektiv schützen zu können. Erreicht eine Störfrequenz das Energiefeld einer Schlafpyramide, so wandelt das starke harmonische Ätherfeld der Pyramide die disharmonischen Ätherfrequenzen der Störenergie in harmonische, der Pyramide und damit dem Menschen entsprechende Ätherfrequenzen um. Handelt es sich z.B. um eine Funkfrequenz, dann würde den schlafenden Menschen immer noch die elektrische Funkwelle erreichen, nicht mehr aber ihre disharmonische

Ätherkomponente. Der physische Körper würde immer noch in geringem Maße durch die disharmonische elektrische Frequenz irritiert werden. Der Ätherkörper, der gerade sehr aktiv und ausgedehnt ist, wäre jedoch nicht mehr betroffen und kann dadurch auch die geringe Störung des bioelektrischen Anteils des physischen Körpers sehr schnell wieder ausgleichen. Der Tiefschlaf wird somit nicht unterbrochen, und unsere Regeneration und Reinigung kann weiter ungestört fortschreiten.

Neben dieser für die heutige Zeit entscheidenden Grundfunktion einer Schlafpyramide erfüllt diese aber noch weit darüber hinausgehende Funktionen. Das Energiefeld der Pyramide schützt und harmonisiert nicht nur, sondern es stellt auch ein Mehr an Energie zur Verfügung. Der Mensch schläft zum einen wieder natürlicher, zum anderen bekommt er in dieser Zeit des Schlafes mehr physisch/ätherische Energie in allen sieben harmonischen Grundfrequenzen zur Verfügung gestellt. Dies wirkt sich auf den physischen Organismus sehr intensiv und in ganz bestimmten Zyklen aus.

Die direkten Veränderungen im Schlafverhalten sind bei jedem Menschen in der ersten Zeit der Benutzung einer Schlafpyramide unterschiedlich und vor allem davon abhängig, wie stark der Schlaf und der allgemeine Zustand des jeweiligen Menschen vorher belastet war. Die ersten drei Wochen mit einer Schlafpyramide sind jedoch immer eine Zeit intensiven Erlebens. Den Menschen unterstützen jetzt nicht nur harmonische, sondern auch aufbauende, stärkende Energien bei seiner Regeneration im Schlaf, was vorher mit grosser Wahrscheinlichkeit nicht der Fall war.

Ein Mensch, der zu wenig erholsamen Schlaf hatte, wird vielleicht erst einmal länger als vorher schlafen. Ein anderer, der noch eine relativ gute Schlafsituation und physische

Konstitution hatte, kann eventuell sofort mit weniger Schlafzeit bei gleicher oder sogar besserer Erholungskraft auskommen. Der physische Körper braucht etwa drei Wochen, um die ersten starken Veränderungen verarbeiten zu können und um sich auf den neuen harmonischeren Schlafbereich einzustellen.

Der nächste Zyklus der Verarbeitung der neuen harmonischen Energie durch eine Schlafpyramide beträgt circa 3 bis 4 Monate. Dies entspricht einem bedeutenden Vorgang in unserem Körper, nämlich dem Regenerationszyklus der roten Blutkörperchen im Blut. Wenn ein Mensch solange und fast täglich unter einer Pyramide schläft, werden in dieser Zeit fast alle seine roten Blutkörperchen neu gebildet. Diesen steht dann in der Zeit ihrer Neubildung mehr harmonische Ätherenergie durch die Schlafpyramide zur Verfügung. So können die roten Blutkörperchen sich im Ätherbereich und dadurch auch im bioelektrischen und biochemischen Bereich stabiler und energiereicher ausformen, wodurch ihre biochemische Bindefähigkeit erhöht und mehr Sauerstoff zu allen Körperzellen transportiert werden kann, was für den Menschen ein größeres Maß an physischer Vitalität bedeutet. Das schützende, positiv und harmonisch aufgeladene Ätherenergiefeld einer Schlafpyramide gibt also in relativ kurzer Zeit die Möglichkeit zu mehr Vitalitäts- und Lebensenergie in allen Bereichen.

Ob man sich für ein energiereiches Lebensumfeld entscheidet und wie man dieses Mehr an Energie nutzt, ist natürlich nicht von der Pyramide, sondern nur von dem jeweiligen Menschen abhängig. Eine Pyramide kann zu einer besseren Regeneration verhelfen und mehr Lebensenergie zur Verfügung stellen. Dies kann jedoch nur funktionieren und zu einer gravierenden und längerfristigen Veränderung führen, wenn der Mensch bereit ist, auch die in seinem Leben notwendigen Veränderungen zuzulassen, die vielleicht geschehen müssen, damit die erhöhte Energie harmonisch durch ihn fließen kann.

Ein einfaches Beispiel für die Bereitschaft zur Veränderung ist ein Mensch, der seit Jahren auf einem für ihn ungünstigen Stuhl sitzt und dadurch Rückenschmerzen hat. Jede Behandlung oder Hilfe gegen diese Rückenschmerzen kann nur begrenzt helfen, wenn der Mensch nicht bereit ist, die Ursache seines Leidens, in diesem Fall den Stuhl, zu erkennen und zu beseitigen.

Wir alle haben unseren Energiezustand selbst gewählt, ob uns dies schon bewußt ist oder nicht. Wer insgesamt mehr Energie haben will, muß auch zu den notwendigen Schritten und Veränderungen bereit sein.

Eine Schlafpyramide wirkt sich also sehr vielschichtig und multidimensional aus. Neben dem Schutz und einem Mehr an Energie sind viele weitere Veränderungen möglich. Wenn der Ätherkörper wieder mehr Energie zur Verfügung hat, werden dadurch alle Atome aus denen unser biochemischer Körper geformt ist, und auch die, die in ihm gelagert sind, mit mehr ätherischer- aber auch magnetischer-, elektrischer und dadurch letztendlich biochemischer Energie versorgt. Somit wird auch eine Entgiftung des physischen Körpers ausgelöst. Alte Schlacken, wie z.B. Ablagerungen in den kleinsten Blutbahnen, können sich durch eine stärkere bioelektrische Bewegungsenergie von ihren bisherigen Ablagerungsplätzen lösen und dann über die entsprechenden Organe wie die Haut, die Leber oder die Nieren aus dem physischen Körper ausgeschieden werden. Dieser Prozeß findet ständig unter einer Schlafpyramide statt, wirkt sich aber in den ersten drei Monaten am stärksten auf den

Gesamtorganismus aus, da in dieser Zeit die größte Veränderung und Umstellung stattfindet.

Um die erhöhte Energie durch eine Pyramide langfristig nutzen zu können, muß man in seiner Ernährung auf eine ausreichende Zufuhr aller wichtigen Grundstoffe wie Mineralien, Spurenelemente, Vitamine, Enzyme, Aminosäuren etc. achten. Sie werden für die Umsetzung des erhöhten Ätherenergiepotentials in den biochemisch physischen Körperbereich gebraucht. Ein stärkerer Ätherkörper und harmonisch arbeitende Chakren führen u.a. zu einer erhöhten und veränderten Hormonproduktion. Die Hormone sind Übermittler all unserer Bewußtseinserfahrungen, wie z.B. stärkerer Ätherfrequenzen, an unseren physisch/biochemischen Körperorganismus. Sie werden aus den oben genannten Grundstoffen unserer Nahrungsmittel geformt, die daher dem Körper in größerem Maße zugeführt werden müssen.

Eine Pyramide, die beim Schlafen angewandt wird, kann für einen Menschen viele wertvolle Dienste leisten, damit er mehr Energie in seinem Leben bekommen und behalten kann. Sie kann bei dieser Anwendung viel für unsere Revitalisierung und unser Wohlbefinden tun. Wir können uns so selbst harmonische Energie schenken, um unser endloses Potential wieder mehr zu nutzen.

Entstörgeräte

Ein spezieller Teil der Funktionsweise von Pyramiden kann für den Bau von Entstörgeräten genutzt werden. Die Pyramide zieht an ihrer Spitze Ätherenergie an (siehe auch das Kapitel "Das Energiefeld der Pyramide"). Kombiniert man mehrere kleine Pyramiden symmetrisch so miteinander, daß diese an ihren Basisflächen verbunden sind (siehe Bild unten), so wirken alle Pyramiden dieses Gerätes hauptsächlich über die Funktion der Pyramidenspitze.

Basiskonstruktion eines Entstörgerätes mit Pyramiden

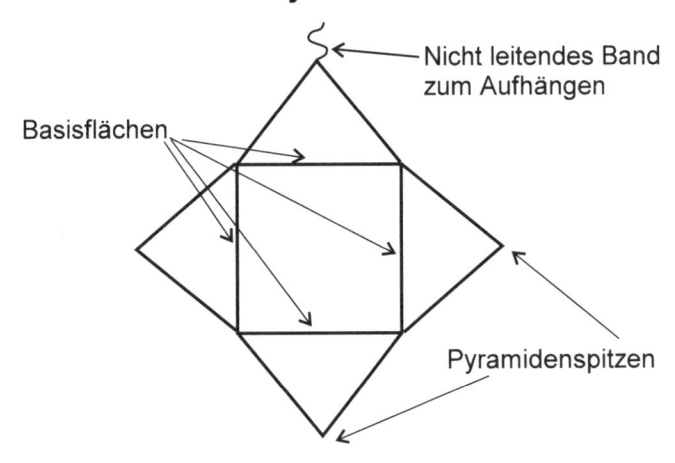

Nicht leitendes Band zum Aufhängen

Basisflächen

Pyramidenspitzen

Die Funktionsweise beruht vor allem darauf, daß Ätherenergie angesaugt und in das Geräteinnere hineintransformiert wird.

Auch bei einer solchen Anwendung gilt, daß das gesamte Energiefeld der verwendeten Pyramiden sehr viel größer ist,

Die Wirkung von Pyramiden als Entstörgeräte

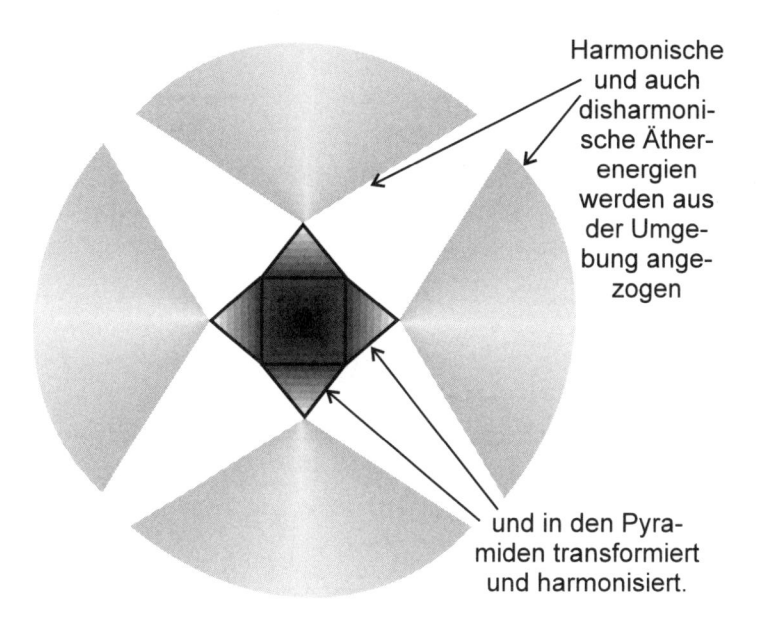

Harmonische und auch disharmonische Ätherenergien werden aus der Umgebung angezogen

und in den Pyramiden transformiert und harmonisiert.

als die Addition ihrer einzelnen Energiebereiche. Somit entsteht ein Wirkungsbereich, in dem die Bewegung der vorhandenen und zuströmenden Ätherenergie sehr beschleunigt wird. In geringem Maße liegen in diesem Wirkungsfeld auch die sieben harmonischen, nach innen hin transformierten Grundfrequenzen der verwendeten Pyramiden vor. Hauptsächlich wird jedoch der "Ur"-Ätherenergiefluß beschleunigt und alle disharmonischen, aber auch harmonischen Ätherfrequenzen werden in die Richtung des Geräteinneren transformiert und harmonisiert. Dadurch sorgt ein solches Pyramidengerät für mehr, ständig gereinigte Ätherenergie.

Das Ätherenergiefeld eines Pyramidenentstörgerätes

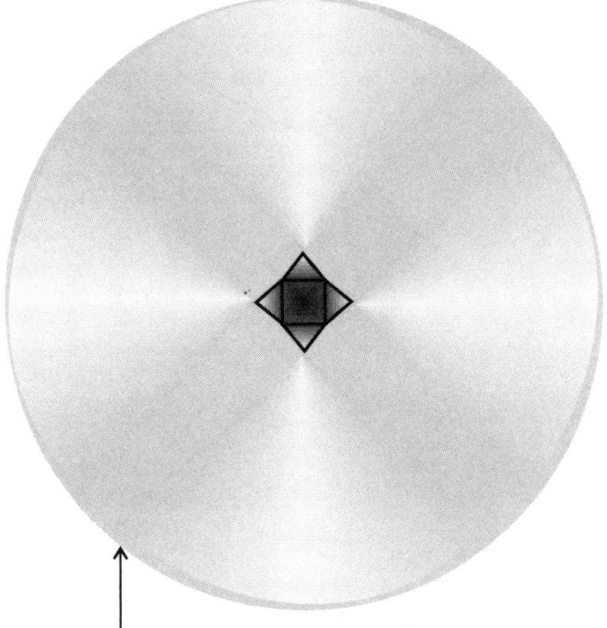

Energiefeld erhöhter, gereinigter Ätherkonzentration

Diese Pyramidenanwendung läßt sich hervorragend kombinieren bzw. ergänzen durch eine größere, einzelne Pyramide, z.B. eine Schlafpyramide. Das wie zuvor beschrieben konstruierte Pyramidenentstörgerät verteilt und bewegt die harmonischen Grundfrequenzen der Schlafpyramide über einen größeren Bereich, so daß eine ideale Kombination von Entstörung und aufbauenden, stärkenden Pyramidenenergien im gesamten Wohn- bzw. Lebensbereich zur Verfügung steht.

Schlafpyramide und Pyramidenentstörgerät

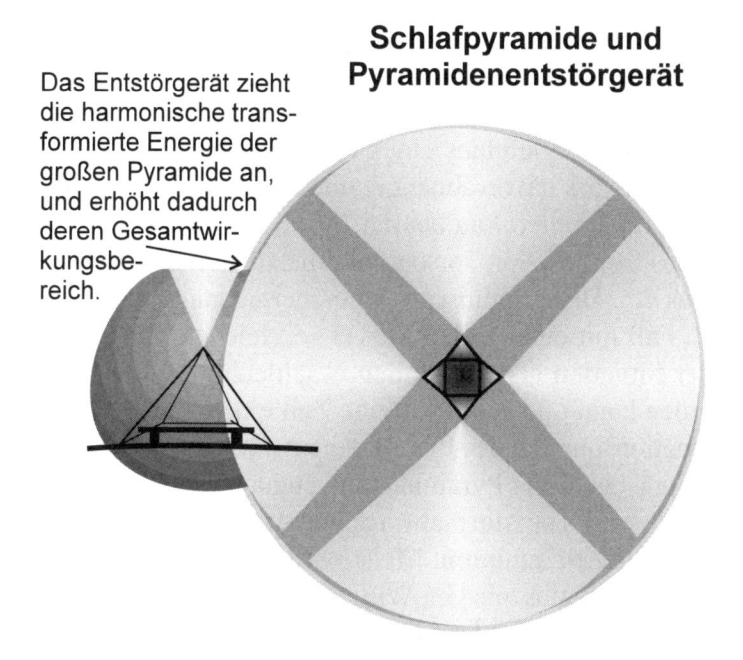

Das Entstörgerät zieht die harmonische transformierte Energie der großen Pyramide an, und erhöht dadurch deren Gesamtwirkungsbereich.

Ein Pyramidenentstörgerät kann im Grunde alles entstören. Für das Gerät spielt es keine Rolle, welcher Ursache eine disharmonische Ätherfrequenz entstammt. Immer wird die disharmonische Frequenz angezogen und in das Geräteinnere hinein in die harmonischen Frequenzen der Pyramiden umgewandelt. Man kann solche Geräte sowohl für die Entstörung von Wasseradern oder Erdverwerfungen verwenden, als auch um Schutz vor den Auswirkungen von Elektrosmog, zumindest im Ätherfrequenzbereich, zu erhalten.

Pyramiden und Pyramidengeräte können also einen entscheidenden Beitrag in all den Bereichen leisten, die heutzutage von der Geomantie gemessen werden. Alles von der

Entstörung bis hin zur Schaffung von starken harmonischen Kraftplätzen ist möglich.

Der Wirkungsbereich, das heißt die physische Ausdehnung des Energiefeldes eines Pyramidenentstörgerätes ist natürlich stark davon abhängig, in welchem Energiebereich das Gerät arbeitet. Lag bei der Installation des Gerätes ein starkes Störfeld vor, so schränkt dies den Wirkungsradius etwas ein. Disharmonische Ätherenergie kann man in diesem Fall mit einer zähen Masse vergleichen, die in solch einer Situation erst allmählich beschleunigt und gereinigt werden kann und somit für eine Zeit einen Teil der Transformationsqualität des Pyramidenentstörgerätes absorbiert.

Auch bei dieser Pyramidenanwendung gilt, daß die Aufnahme- und Transformationskapazität der Pyramiden im Laufe der Zeit zunimmt. Meist wird innerhalb von 3 bis 7 Tagen der "Status quo" im Wirkungsbereich des Gerätes auf ein harmonischeres Energieniveau angehoben. Eine Wirkung ist aber natürlich sofort wahrnehmbar. Ja, gerade in den ersten Tagen der Installation ist der Unterschied zu vorher sehr gravierend erfahrbar.

Entstörgeräte

Weitere Kombinationsmöglichkeiten von Pyramiden für Wohn- und Arbeitsbereiche

Neben dem Entstören und der Unterstützung beim Schlaf können Pyramiden für viele weitere Anwendungen am Menschen genutzt werden. Es ist jedoch nicht immer möglich eine große Pyramide, wie z.b. die Schlafpyramide zu nutzen. Dann stellt sich die Frage, was man effektiv neben der Entstörung zur Schaffung von mehr Energie tun kann. Auch um z.b. Arbeitsplätzen oder ganzen Wohnflächen mehr harmonische Frequenzen zur Verfügung zu stellen, bietet sich nicht unbedingt eine größere Pyramide an. In diesem Fall ist eine Kombination von mehreren kleineren Pyramiden leichter einzusetzen. Ein Teil dieser Pyramiden kann wiederum als Energiesammler kombiniert werden, jedoch nicht so vollkommen symmetrisch wie bei den Entstörgeräten. Drei oder auch z.b. fünf Pyramiden können eine "Prozessionskammer" bilden.

Prozessions- oder auch Energiekomprimierbereich aus fünf Pyramiden

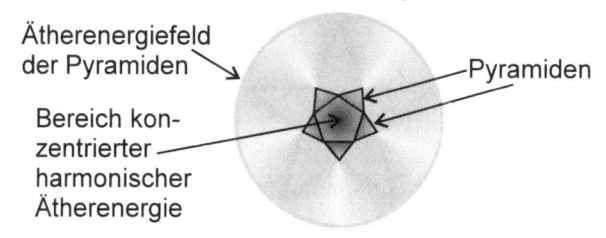

Ätherenergiefeld der Pyramiden

Pyramiden

Bereich konzentrierter harmonischer Ätherenergie

Wohn- und Arbeitsbereiche

In dieser Prozessionskammer wird die Energie komprimiert, aber nicht vollkommen im inneren Prozessionsbereich gehalten, da sich nicht jeweils zwei Pyramiden genau gegenüber liegen. Verbindet man mit dem Pyramiden-Prozessionsbereich weitere Pyramiden, deren Basisflächen auf den entsprechenden Anwendungsbereich weisen, strahlen diese Pyramiden nicht nur ihre eigene Grundfrequenz, sondern auch einen Großteil der im Prozessionsbereich angesammelten Energie aus.

Ein Pyramidengerät mit Prozessionskammer und ausstrahlenden Pyramiden am Arbeitsplatz

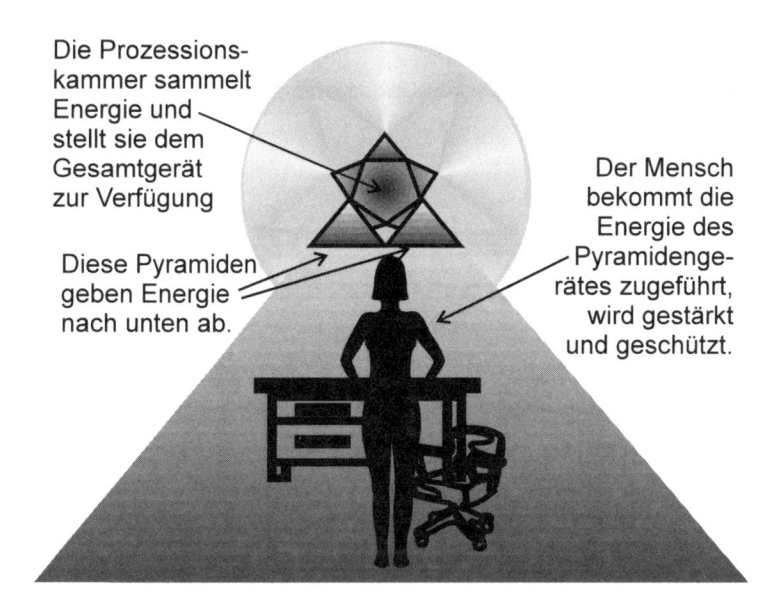

Die Prozessionskammer sammelt Energie und stellt sie dem Gesamtgerät zur Verfügung

Diese Pyramiden geben Energie nach unten ab.

Der Mensch bekommt die Energie des Pyramidengerätes zugeführt, wird gestärkt und geschützt.

Die Energie des Pyramiden-Prozessionsbereiches kann somit ganz leicht über die unteren, ausstrahlenden Pyramiden dem oder den Anwendern zur Nutzung zugeführt werden.

Mit diesen oder ähnlichen Pyramidenkombinationen kann man natürlich nicht nur einzelne Arbeitsplätze, sondern auch ganze Gebäude und Gebäudeteile energetisieren. Eine Anwendung könnte z.B. in jedem zweiten Stockwerk eines Hochhauses unter der Decke sein (siehe Abbildung unten).

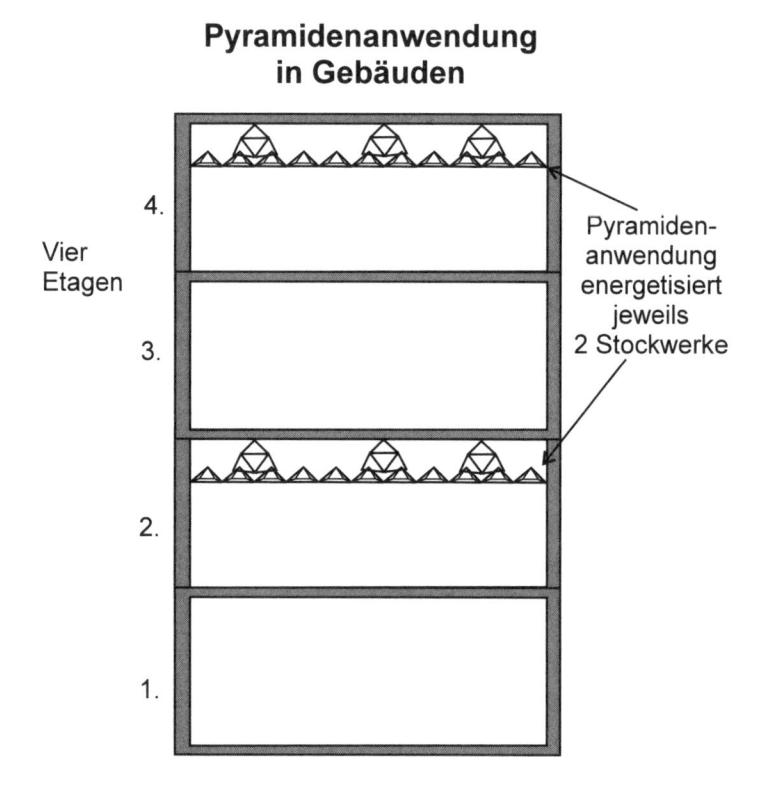

Pyramidenanwendung in Gebäuden

Vier Etagen

4.
3.
2.
1.

Pyramidenanwendung energetisiert jeweils 2 Stockwerke

Dies wäre z.B. auch eine kurzfristig realisierbare Möglichkeit, bestehende energetisch sehr ungünstig gebaute Räumlichkeiten, wie z.B. Hochhäuser wenigstens solange energiereicher zu gestalten, bis wir uns neue, grundsätzlich harmonischere Wohn- und Arbeitsgebäude geschaffen haben (siehe Kapitel "Harmonie in Wohnräumen").

Modulationsmöglichkeiten von Pyramiden

Kleinere Pyramiden können aber auch von denjenigen unter uns, die sich immer wieder in Räumlichkeiten aufhalten, auf die sie keinen direkten Einfluß in Richtung auf mehr Energie und Harmonie haben, hilfreich eingesetzt werden. Hierbei sollten natürlich die Grundvoraussetzungen für den Bau einer Pyramide, wie in den ersten Kapiteln dieses Buches beschrieben, berücksichtigt werden. Die Basisgrößen solcher Pyramiden können z.b. zwischen 10 und 25 cm in der Grundlänge betragen.

Kleinere Pyramiden

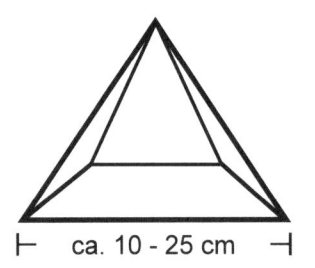

⊢ ca. 10 - 25 cm ⊣

Sie können z.b. zwischen einem Computermonitor und dem Menschen plaziert werden und somit den Streß durch die Ausstrahlung dieser Geräte für den Menschen zumindest reduzieren.

Solch eine kleinere Pyramide wirkt am effektivsten und vollständigsten, wenn sie sich direkt am oder auf dem Körper des Menschen befindet. Eine Möglichkeit eine kleinere Pyramide anzuwenden, kann das Tragen auf dem Kopf sein oder wenn dies möglich ist, auch an anderen Körperbereichen, denen man besonders Energie zuführen möchte. So kann eine kleinere Pyramide gleichzeitig den Streß durch z.B. elektrische Einwirkungen mindern und dem Menschen ein Mehr an Energie zuführen.

Das Ätherenergiefeld einer Pyramide am Kopf eines Menschen getragen

←physischer Körper
←Ätherkörper

Trägt man eine Pyramide auf dem Kopf, so wirkt dies direkt auf die obersten drei bis vier Chakren ein, also auf das Kronen-Chakra, das Dritte Auge-Chakra, das Hals-Chakra bis hin zum Herz-Chakra und somit auf die entsprechenden endokrinen Drüsen, die Zirbeldrüse, die Hypophyse, die Schild- und die Thymusdrüse. Ihre Auswirkung erreicht aber auch sehr schnell andere Körperbereiche und Chakren, da der Ätherkörper des Menschen die Energie der Pyramide aufnimmt und an alle anderen Bereiche weiterleitet.

Am Kopf getragen hat eine Pyramide großen Einfluß auf den Gesamtorganismus des Menschen. Alle Atome, die wir über die Luft einatmen, passieren das Äther-, Magnet- und elektrische Energiefeld einer solchen Pyramide und werden dadurch mit zusätzlicher Energie versorgt, was dann durch das Einatmen dieser Atome wiederum unserem Körpersystem zugute kommt.

Außerdem fließt durch unseren Kopf das anteilig größte Blutvolumen in unserem Körper. Das heißt, daß dem Blut beim Tragen einer Pyramide auf dem Kopf schon innerhalb von ein paar Wochen mehr Äther- und damit elektrische Energie zur Verfügung steht. Dies hat eine direkte positive Auswirkung auf den Sauerstofftransport im Körperorganismus und damit auf die gesamte Vitalitätsenergie.

Weiterhin wird unserem Gehirn, dem wichtigsten Nervensystem im physischen Körperorganismus, mehr Energie zugeführt, was die Leistungsfähigkeit dieses Körperbereiches im Laufe der Zeit erheblich erhöht.

Ein weiterer Effekt ist, daß kleinste Ablagerungen im Kopfbereich, meist in der Nähe des Kleinhirns, wieder so stark zu schwingen beginnen, daß sie diesen Bereich leichter verlassen können und somit beseitigt werden. Dies wiederum erleichtert die Versorgung der jeweiligen Gehirnbereiche durch das Blut.

Aber nicht nur im Kopfbereich, sondern auch im gesamten physischen Körperorganismus werden durch die erhöhte Ätherenergie Schlacken und Giftstoffe freigesetzt und können dann über die entsprechenden Körperorgane verarbeitet oder ausgeschieden werden.

An sich kann man solche Pyramidenanwendungen, ob nun am Kopf oder an anderen Körperbereichen, solange tragen wie man will, von ein paar Minuten am Tag bis über den ganzen Tag verteilt. Die einzige Begrenzung, die vor allem zu Beginn der Nutzung einer Pyramide auftreten kann, ist, daß man vielleicht nach einer Weile leichte Kopfschmerzen bekommt. Das bedeutet nicht, daß die Pyramide in diesem Moment schadet, sondern daß die Leber nicht mehr mit dem Verarbeiten der freigesetzten Giftstoffe nachkommt. Die Leber sendet dann aufgrund ihrer Überlastung Nervenimpulse an das Gehirn, die einen Kopfschmerz, meist im Nackenbereich, hervorrufen. Beendet man in diesem Fall die Anwendung der Pyramide für den Moment, wird der leichte Kopfschmerz schnell wieder verfliegen. Die Linderung kann noch unterstützt werden, indem man Wasser trinkt und eventuell natürliches Vitamin C zu sich nimmt, das der Leber hilft, sich zu "entspannen".

Damit die Wirkung dieser Pyramiden vollkommen harmonisch ist, muß, wie schon beschrieben, mindestens ein Material beim Bau derselben verwendet werden, das als Mineral exakt eine vierseitige, gleichseitige Pyramide formt (z.B. Gold in hoher Reinheit).

Um die Wirkung solcher Pyramidenanwendungen zu modifizieren, in dem Sinne, daß eine oder mehrere der sieben Grundfrequenzen hervorgehoben werden und dadurch die anderen Frequenzen etwas in den Hintergrund treten, kann man zusätzlich weitere Materialien verwenden. Diese heben ihrer Eigenschwingung und -resonanz entsprechend bestimmte Teilfrequenzen des Pyramidenspektrums hervor und verstärken sie. Auf der folgenden Seite finden Sie eine Übersicht über die Resonanzschwingungen einiger für die Verarbeitung interessanter Metalle:

Pyramiden

Metall	Resonanz-Chakra	Endokrine Drüse	Wirkung
Gold	Herz (4.)	Thymus	gleicht aus, balanciert und entspannt
Silber	Drittes Auge (6.)	Hypophyse	Konzentration und Entgiftung
Kupfer	Basis (1.) und Solarplexus (3.)	Nebennieren, Bauchspeicheldrüse	physische Aktivität und Entgiftung
Titan	Sakral (2.) und Drittes Auge (6.)	Geschlechtsdrüsen, Hypophyse	Konzentration, Vitalität, Entgiftung und Peristaltik

Verwendet man z.B. Silber zusätzlich zu dem pyramidalen Gold, entsteht eine Pyramide, die entsprechend der Eigenfrequenz dieses Metalles, auf das Dritte Auge-Chakra verstärkt einwirkt. Eine solche Pyramide ist hervorragend für alle Tätigkeiten geeignet, die speziell dieses Chakra nutzen, wie z.B. Arbeiten, die eine hohe Konzentration erfordern, und alles, was mit der Erweiterung mentaler Fähigkeiten zu tun hat. Damit aber auch noch alle anderen sechs Frequenzen in korrekter Form vorliegen, muß ein Teil des verwendeten vierseitig-pyramidalen Materials (Gold) an der Pyramidenoberfläche vorhanden sein.

Weiterhin wirken sich auch alle Eigenschaften eines zusätzlich verwendeten Baumaterials auf den Anwender aus. Silber und Kupfer ziehen bzw. binden eher als Gold disharmonische, biochemische Stoffe an sich, was durch die Oxydation dieser Metalle physisch sichtbar wird. So können diese beiden Metalle durch ihre Qualität leichter disharmonische Stoffe vom physischen Körperorganismus des Menschen fernhalten. Andererseits müssen sie gerade aufgrund dieser Qualität in Verbindung mit einem pyramidalen Baustoff verwendet werden, der die Gesamtwirkung einer solchen Pyramide immer wieder harmonisieren kann. Wenn die Verwendung eines pyramidalen Baumaterials absolut nicht möglich ist, dann müssen Pyramiden oder Pyramidengeräte immer wieder gereinigt und von den gebundenen Stoffen zumindest zum Teil befreit werden. Man sollte beim Bau einer solchen Pyramide aber bedenken, daß ohne den pyramidalen Baustoff keine hundertprozentige Harmonie aller sieben Grundfrequenzen erreicht werden kann.

Derartig modulierte und nicht in allen sieben Grundfrequenzen vollkommen ausbalancierte Pyramiden, sollten möglichst nicht direkt vor dem Schlafengehen getragen werden, da sie den Gesamtorganismus einseitig stimulieren. Nach dem Tragen einer derartig modifizierten Pyramide, wäre es sehr gut, noch für ein paar Minuten eine vollkommen harmonische und ausbalancierte Pyramide anzuwenden, die eine äußere Goldschicht hat. Dadurch wird gewährleistet, daß alle sieben Schwingungsbereiche im physisch/ätherischen Organismus wieder in Harmonie miteinander gebracht werden.

Bergkristalle, Laserlicht, Edelsteine und Pyramiden

Neben der Modulation, der Wirkung von Pyramiden durch die Verwendung verschiedener Metallbeschichtungen, gibt es noch einige weitere Möglichkeiten, die Grundenergie von Pyramiden zu modifizieren oder auch zu speichern.

Ein Medium, das sehr gut zusammen mit Pyramiden eingesetzt werden kann, ist der Bergkristall. Bergkristalle bestehen chemisch aus Silizium und Sauerstoff in der Form von Siliziumoxid (SiO_2). Sie sind weiß bzw. durchsichtig und farbneutral und haben eine hohe elektrische und dementsprechend starke Magnetfeld- und Ätherkapazität. Ihre sechsseitige unregelmäßige Mineralform ist hervorragend dazu geeignet, Energien in allen Schwingungsbereichen aufzunehmen und zu speichern.

Beim Kauf eines Bergkristalles sollte man einige wichtige Faktoren beachten, wenn man einen harmonischen und hochschwingenden Kristall erwerben möchte. Ein wichtiger Faktor ist der Fundort, der ein möglichst energiereicher Platz der Erde sein sollte, damit die Kristalle mit der starken harmonischen Ätherenergie dieses Kraftplatzes aufgeladen sind. Des weiteren ist es wichtig, daß Kristalle beim Herausholen aus der Erde nicht zu stark beschädigt und vor allem nicht durch Sprengungen geschockt worden sind. Ein harmonischer Kraftplatz der Erde und eine sanfte Minenarbeit sind die Grundvoraussetzungen für einen harmonischen, dem Menschen hilfreichen Bergkristall. Weiterhin sollten Bergkristalle nicht geschliffen sein, da auch dies ein sehr großer Schock für sie ist, bei dem die meisten Informationen, die der Kristall im Laufe der Jahrmillionen in der Erde aufgenommen hat, verloren gehen. Des weiteren ist es wegen der Resonanz empfehlenswert, Bergkristalle zu verwenden, die aus der Erdmagnethälfte der Erde stammen, in der man selbst lebt.

Bergkristalle im Energiefeld der Erde

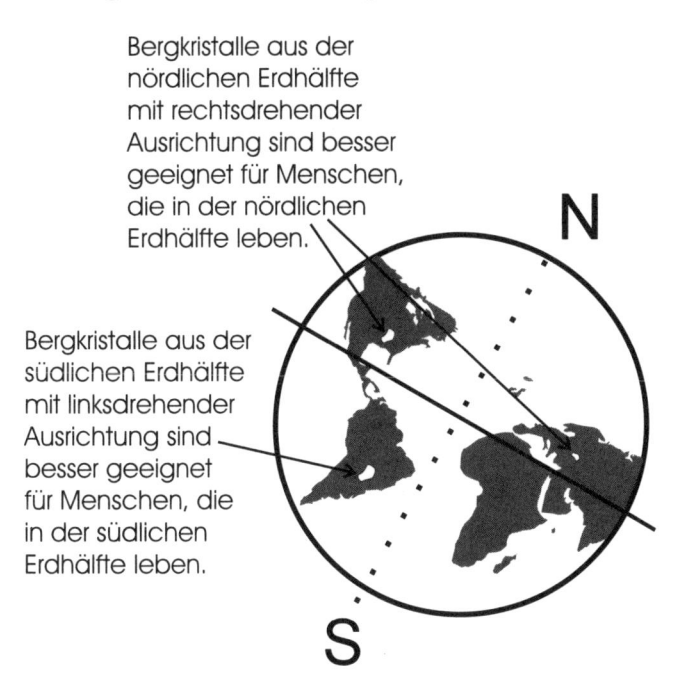

Bergkristalle aus der nördlichen Erdhälfte mit rechtsdrehender Ausrichtung sind besser geeignet für Menschen, die in der nördlichen Erdhälfte leben.

Bergkristalle aus der südlichen Erdhälfte mit linksdrehender Ausrichtung sind besser geeignet für Menschen, die in der südlichen Erdhälfte leben.

Bringt man Kristalle mit Pyramiden und Menschen in Kontakt, findet ein multidimensionales Geschehen statt. Zum einen nimmt ein Bergkristall innerhalb einer Pyramide die harmonischen Grundfrequenzen derselben auf und speichert sie. Dadurch wird er sich auch physisch in seiner inneren Struktur und Klarheit deutlich verändern, und er wird zu einer immer stärkeren Quelle harmonischer, mit dem Menschen resonanter Energie.

Bergkristalle und Pyramiden

Der Bergkristall nimmt die harmonischen Frequenzen einer Pyramide auf.

Auf der anderen Seite steht der Mensch in Verbindung mit dem Kristall. Das heißt, daß bewußt oder unbewußt ein Energieaustausch nicht nur von der Pyramide zum Bergkristall, sondern auch zwischen dem jeweiligen Menschen und dem Kristall stattfindet. Dieser Austausch und Kontakt zwischen einem Menschen und einem Bergkristall findet in allen Schwingungsebenen statt und kann natürlich erst dann vollkommen und leicht geschehen, wenn der Mensch sich immer mehr über seine eigenen Energieebenen und -körper, und damit auch über das Geschehen zwischen ihm und einem Bergkristall, bewußt wird. Auf der biochemischen und bioelektrischen Ebene findet ein Energieaustausch zwischen den "piezo-elektrischen" Feldern des im Bergkristall und im Menschen vorhandenen Siliziumoxids statt (wir nutzen Siliziumoxid u.a. im Gehirn). Astrale- und mentale Energien des Menschen werden vom Bergkristall, in Form von mit diesen Frequenzen resonanter Ätherenergie, aufgenommen. Es entsteht ein multidimensionaler Energieaustausch, denn der Kristall reagiert auf die vom Menschen kommenden Impulse und sendet eine "Antwort" in allen Frequenzbereichen zurück an den Menschen. Kommunikation und Energieaustausch entsteht zwischen dem Bergkristall und dem Menschen in allen Schwingungsebenen. Ist der Bergkristall zusätzlich dem Energiefeld einer Pyramide ausgesetzt, so kann er das dadurch in ihm erzeugte höhere Maß an harmonischer Energie wiederum dem Menschen übermitteln und zur Verfügung stellen.

Bergkristalle, Pyramiden und der Mensch

Ein multidimensionaler Energieaustausch und eine Kommunikation kann zwischen einem Bergkristall und einem Menschen über große Entfernungen stattfinden. So kann die harmonische Energie der Pyramide den Menschen auch noch über ihr Energiefeld hinaus erreichen.

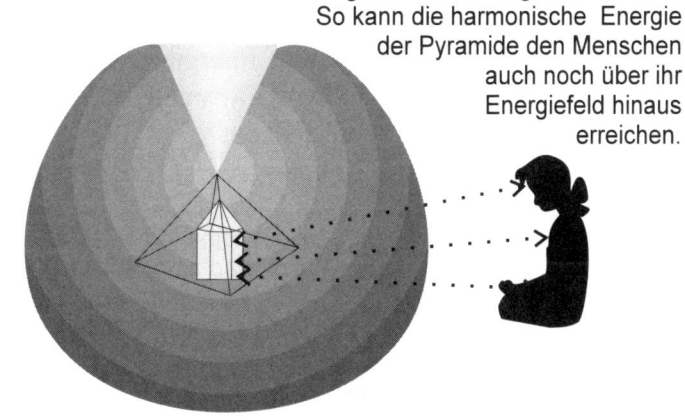

Ist ein Mensch, der solche Anwendungen nutzt, zu Veränderung, Bewußtwerdung und Offenheit bereit, können durch diesen Kontakt große Transformationssprünge im Menschen hin zu mehr Klarheit, emotionaler Stabilität, physischer Vitalität und dadurch der Möglichkeit einer Öffnung für Spiritualität geschehen. Ebenso können im Bergkristall durch dieses Zusammenwirken große Veränderungen stattfinden. Er würde sich in diesem Fall immer mehr klären und eine höhere Schwingungsfrequenz annehmen.

Mit der Hilfe eines Bergkristalles kann man aber auch eine oder mehrere der Grundfrequenzen einer Pyramide hervorheben, ähnlich wie bei den Metallbeschichtungen, die im vorhergehenden Kapitel beschrieben wurden. Um eine solche Veränderung oder Modulation zu erreichen, wird ein Kristall, der sich im Kontakt mit dem Energiefeld einer oder mehrerer Pyramiden befindet, mit Laserlicht bestrahlt. Je nachdem welche Farbe ein solcher Laser hat, wird die mit dieser Farbe korrespondierende, resonante Grundfrequenz der Pyramide über den bestrahlten Bergkristall stärker aktiviert und hervorgehoben.

Einen ähnlichen Effekt erzielt man, indem man Edelsteine oder andere Mineralien in das Energiefeld einer oder mehrerer Pyramiden bringt. Der effektivste Platz hierfür in der Pyramide ist direkt unter der Spitze, wo die transformierte Pyramidenenergie in komprimiertester Form vorliegt.

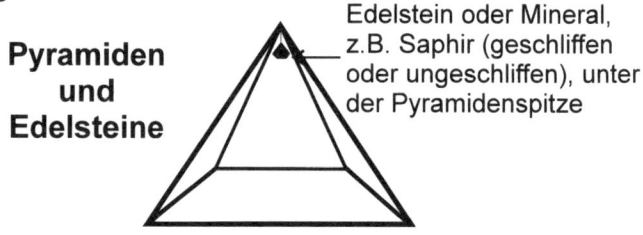

Pyramiden und Edelsteine

Edelstein oder Mineral, z.B. Saphir (geschliffen oder ungeschliffen), unter der Pyramidenspitze

Bergkristalle, Laserlicht und Edelsteine

Je nach Farbe und Mineralstruktur werden durch die Edelsteine und Mineralien wiederum eine oder bei Mischfarben auch mehrere Grundfrequenzen der Pyramide hervorgehoben und verstärkt. Diese wirkt dann nicht vollkommen gleichmäßig, sondern verstärkt auf bestimmte Ätherfrequenzen und Körperbereiche des Menschen ein.

Hier eine Übersicht über einige Edelsteine und Mineralien und ihre Wirkung auf den menschlichen Gesamtorganismus:

Stein	Farbe	Aktivität	Chakra/en	Endokrine Drüse/n	Wirkung
Diamant	Weiß	anregend	Kronen-Chakra und alle	Zirbeldrüse und alle	Energieerhöhung
Rauchquartz	Grau-Weiß	anregend	siehe oben	siehe oben	s.o. nur weicher
Rubin	helles Rot, Blauanteil	anregend	Drittes Auge-Chakra	Hypophyse	Stärkt klares Denken
Smaragd	Grün	ausgleichend	Hals-Chakra	Schilddrüse	Klarer Ausdruck
Peridot	Grün/ Gelb	ausgleichend	Hals- und Solarplexus-Chakra	Schild- und Bauchspeicheldrüse	Klarer Ausdruck von Emotionen
Rosa Turmalin	Rosa	ausgleichend	Alle bis auf Hals-Chakra	Alle bis auf Schilddrüse	Entspannt, hilft loszulassen
Blauer Saphir	dunkles Blau	beruhigend	Herz-Chakra	Thymusdrüse	Herzkontakt
Aquamarin	Hellblau	beruhigend	Herz-Chakra	Thymusdrüse	Leichter Herzkontakt
Citrin, gelber Saphir	Gelb	ausgleichend	Solarplexus-Chakra	Bauchspeicheldrüse	Stabile Emotionen
Dunkler Amethyst	Lila	beruhigend	Wurzel-, Drittes Auge- und Herz- Chakra	Hypophyse, Thymusdrüse, Nebennieren	Klarheit verbunden mit Herz und Erdung
Granat	dunkles Rot	beruhigend	Wurzel-Chakra	Nebennieren	Erdung

145

Pyramiden, Heilbehandlungen und Meditation

Heilung und Ganzwerdung brauchen im Menschen ein harmonisches Zusammenwirken aller inneren und äußeren Bereiche. Ein wirklich gesunder Mensch ist nicht nur "nicht krank" im physischen Sinne, sondern auch stabil und harmonisch in seinen anderen Seinsbereichen. Wirkliche Gesundheit zieht sich immer durch sämtliche Energiebereiche des Menschen. Damit der physische Körper gesund ist und bleibt, müssen auch der Äther-, Astral-, Mental- und Spiritualkörper harmonisch miteinander funktionieren.

Ziel ganzheitlicher Heilverfahren ist es, disharmonische Schwingungen wieder zu harmonisieren und so die natürliche Gesundheit wiederherzustellen. Auch Meditationsmethoden erfüllen diesen Zweck, mit dem speziellen Anspruch, sich über das innere und äußere Geschehen immer mehr bewußt zu werden. Dieses Bewußtwerden oder Bewußtsein ist letztlich aber genauso ein Teilbereich wirklicher Heilung. Nur die Bewußtmachung alter zerstörerischer und krankmachender Gefühls- und Gedankenmuster kann diese endgültig auflösen und damit eine langfristige Heilung und Gesundwerdung ermöglichen.

Pyramiden sind aufgrund ihrer Resonanz mit dem Menschen ein idealer Energielieferant und -übermittler für Räume, in denen ganzheitliche Heilung und/oder Meditationen stattfinden.

Die größte und aufwendigste Anwendung für diesen Zweck ist eine Pyramide als Gebäude oder Gebäudeteil, die für Heil- und Meditationszwecke eingesetzt wird. Je nach der Größe des Gebäudes hat man hier verschiedene, relativ spezifische Bereiche innerhalb einer solchen Pyramide zur Verfügung. Nehmen wir an, eine 10,60 m hohe Pyramide hätte insgesamt drei Stockwerke. Die Schwerpunkte der Energieverteilung wären in den drei Stockwerken sehr unterschiedlich, und jedes Stockwerk könnte, seinen Schwingungsqualitäten entsprechend, verschiedenen Nutzungszwecken dienen. Das unterste Stockwerk wäre zum Großteil mit der, dem ersten Chakra entsprechenden Energie angefüllt. In diesem Bereich könnten Meditationen und Heilbehandlungen stattfinden, die hauptsächlich auf den physischen Körper und die Erdung des Menschen ausgerichtet sind. Im mittleren Stockwerk ist hauptsächlich die Energie der Pyramide vorhanden, die dem zweiten und dritten Chakra entspricht. Hier wären alle Behandlungen und Meditationen am besten untergebracht, die mit der Vitalität und der Klärung alter Emotionen des Menschen arbeiten. Alles von Akupunktur über Atemübungen, Primärtherapie etc. würde von diesem Gebäudebereich der Pyramide ideal unterstützt werden. Der kleinere obere Bereich der Pyramide wäre hauptsächlich von den Ätherfrequenzen durchwirkt, die dem siebten bis vierten Chakra entsprechen. In diesem Raum könnten ruhige Meditationen, Chakra-Übungen und -Einstimmungen, aber auch besonders intensive Energiebehandlungen durchgeführt werden (siehe das Bild auf der folgenden Seite).

Pyramiden

Ein Pyramidengebäude mit drei Stockwerken

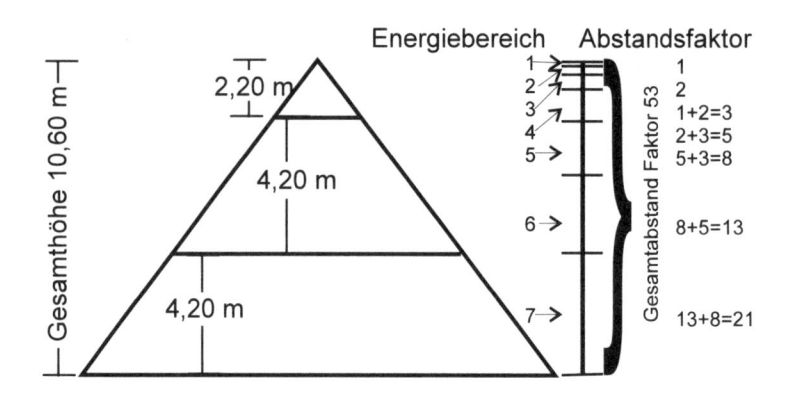

Gesamthöhe 10,60 m

2,20 m
4,20 m
4,20 m

Energiebereich
1
2
3
4
5→
6→
7→

Gesamtabstand Faktor 53

Abstandsfaktor
1
2
1+2=3
2+3=5
5+3=8
8+5=13
13+8=21

Die Höhe der einzelnen Stockwerke wurde so gewählt, daß bestimmte Energiebereiche ganz speziell in den einzelnen Stockwerken vorhanden sind.

Dies sind nur ein paar Anregungen, welche Möglichkeiten in einem größeren Pyramidengebäude gegeben wären.

Für die wenigsten Menschen wird ein solches Pyramidengebäude realisierbar sein. Aber auch in anderen Räumlichkeiten gibt es verschiedene Möglichkeiten, Pyramiden für Heil- und/oder Meditationszwecke einzusetzen, z.B. kann eine größere, ähnlich einer zum Schlaf verwendeten Pyramide über Behandlungs- oder Meditationsplätzen aufgestellt werden. So befinden sich der Behandler und der zu Behandelnde während der gesamten Dauer der Therapie in dem harmonischen, aufbauenden Energiefeld der Pyramide. Vor allem der Ätherkörper des Patienten wird vor disharmonischen Frequenzen geschützt, und seine Chakren werden mit den resonanten Frequenzen der Pyramide aufgeladen. Ein Mehr an Energie steht zur Verfügung, egal ob eine Massage, eine Reiki-Behandlung, Akupunktursitzungen oder andere Heilbehandlungen vorgenommen werden.

Eine Pyramide für Behandlungsbereiche

Auch zur Meditation kann eine Pyramide, wie im Bild oben, sehr gut verwendet werden. Oft dehnt sich während der Entspannungsphase einer Meditation der Ätherkörper des Menschen aus, ähnlich wie das im Schlaf der Fall ist. Die Pyramide kann ihn in diesem sensiblen Zustand schützen und ihm in noch größerem Maße ihre harmonischen Grundfrequenzen zuführen. Somit gewährleistet die Pyramide ein ideales Umfeld für die entsprechende Meditation.

Eine Pyramide für Meditationen

Wer aus Platzmangel oder anderen Gründen auch eine solche Pyramide nicht unterbringen kann, hat immer noch die Möglichkeit, sich unterstützende Energien durch ein Pyramidengerät aus kleineren Pyramiden zu holen. Ein solches Gerät kann, ähnlich wie bei der Installation über einem Arbeitsplatz, direkt über dem Meditationsplatz aufgehängt werden. Der Ätherkörper wäre dann zwar nicht optimal geschützt, würde aber immer noch ständig die harmonischen Grundfrequenzen der Pyramiden zugeführt bekommen.

Pyramidenkombinationen zur Meditation

Dies sollen und können nur einige Beispiele für die Anwendung von Pyramiden zu Heil- und Meditationszwecken sein.

Ausgestattet mit den Informationen und Anregungen aus diesem Buch, lassen sich viele weitere Anwendungsgebiete für Pyramiden finden.

Es würde mich freuen, wenn so im Laufe der Zeit immer mehr harmonische und energiereiche Lebensräume durch, mit und für den Menschen entstehen würden.

Pyramiden

Literaturempfehlungen

Zopf, Regine: Das Unsichtbare wird sichtbar, Die Chakren und ihre Bedeutung für den heutigen Menschen, Weltenhüter Verlag, Hamburg 1993

-,-: Das Unsichtbare wird sichtbar, Die Energiekörper des heutigen Menschen, Weltenhüter Verlag, Hamburg 1993

-,-: Reiki, Ein Weg sich selbst zu vervollkommnen, Weltenhüter Verlag, Hamburg 1994

-,-: Die Strahlen der Erneuerung, Eine Umwandlungsphase für Erde und Mensch, Weltenhüter Verlag, Hamburg 1995

Gurdjieff, Georges I.: Beelzebubs Erzählungen für seinen Enkel, Eine objektiv unparteiische Kritik des Lebens des Menschen, 3 Bände, Sphinx-Verlag, Basel 1987

-,-: Das Leben ist nur dann wirklich wenn <ich bin>, Sphinx Medien Verlag, Basel 1987

-,-: Begegnungen mit bemerkenswerten Menschen, Aurum Verlag, Freiburg i. Br. 1988

Tesla, Nikola: Tesla´s verschollene Erfindungen, Geniale Techniken wiederentdeckt, Edition Freie Energie im VAP-Verlag, Wiesbaden 1994

Omnec Onec: Ich kam von der Venus, Myrddin-Verlag, Düsseldorf 1994

Sharaf, Myron: Wilhelm Reich: der heilige Zorn des Lebendigen; die Biographie, Simon + Leutner Verlag, Berlin 1994

Bischof, Marco: Biophotonen, Das Licht in unseren Zellen, Verlag Zweitausendeins, Frankfurt 1995

Weitere Bücher aus dem Weltenhüter Verlag:

Das Unsichtbare wird sichtbar,
Die Chakren und ihre Bedeutung für den heutigen Menschen,
Regine Zopf,
192 Seiten, mit Farbabbildungen,
ISBN 3-929681-00-5

Die Strahlen der Erneuerung,
Eine Umwandlungsphase für Erde und Mensch,
Regine Zopf,
192 Seiten,
ISBN 3-929681-08-0

Das Unsichtbare wird sichtbar,
Die Energiekörper des heutigen Menschen,
Regine Zopf,
192 Seiten,
ISBN 3-929681-01-3

Reiki,
Ein Weg sich selbst zu vervollkommnen,
Regine Zopf,
120 Seiten,
ISBN 3-929681-09-9

Ralph Peters veranstaltet regelmäßig Seminare und Fortbildungskurse unter anderem über weitergehende Pyramidenanwendungen, Angstbewältigung und Bewußtseinsarbeit. Wer aktuelle Informationen über seine Arbeit haben möchte, kann Unterlagen anfordern beim:

Weltenhüter Institut
Regine Zopf & Ralph Peters
Räderloher Weg 5
D-29348 Scharnhorst-
GT Marwede